Instruções dos Santos *para a* Felicidade

Robert Ellsberg

INSTRUÇÕES DOS SANTOS *para a* FELICIDADE

Lições práticas para as grandes questões da vida

Tradução de
CLARA FERNANDES

NOVA ERA

CIP-Brasil. Catalogação-na-fonte
Sindicato Nacional dos Editores de Livros, RJ.

E43i Ellsberg, Robert, 1955-
Instruções dos santos para a felicidade: lições práticas para as grandes questões da vida / Robert Ellsberg; tradução de Clara Fernandes. – Rio de Janeiro: Nova Era, 2006.

Tradução de: The Saint's Guide to Happiness
ISBN 85-7701-115-1

1. Felicidade – Aspectos religiosos – Igreja Católica. 2. Vida cristã – Escritores católicos. 3. Santos cristãos – Biografia. I. Título.

06-2372 CDD – 248.482
CDU – 248

Título original norte-americano:
THE SAINT'S GUIDE TO HAPPINESS

Direitos exclusivos de publicação em língua portuguesa para o Brasil adquiridos pela EDITORA NOVA ERA um selo da EDITORA BEST SELLER LTDA.
Rua Argentina 171 – Rio de Janeiro, RJ – 20921-380 – Tel.: 2585-2000
que se reserva a propriedade literária desta tradução

Impresso no Brasil

ISBN 85-7701-115-1

PEDIDOS PELO REEMBOLSO POSTAL
Caixa Postal 23.052
Rio de Janeiro, RJ – 20922-970

Para Peggy

*Cor ad cor loquitor**

*O coração fala ao coração. (*N. da T.*)

SUMÁRIO

AGRADECIMENTOS

AGRADEÇO AOS AMIGOS E FAMILIARES que leram os originais deste livro, particularmente, a Robert Jonas, Jim Forest, Wes-Howard Brook, Kerry Walters, Joan Chittister, meu irmão Michael e minha mãe, Carol Cummings. Seus comentários críticos foram extremamente úteis. Sou grato a Phyllis Theroux e à minha agente, Molly Friedrich, amigos fiéis que me acompanharam em todos os passos da jornada. Agradeço especialmente ao meu colega Michael Leach, que acreditou neste projeto mesmo quando eu tive dúvidas. Sou imensamente grato ao meu editor em língua inglesa, Paul Elie, cuja habilidade, cultura e preocupação espiritual o tornaram um parceiro ideal para este livro. Agradeço também a todos na Farrar, Straus and Giroux por seu profissionalismo e entusiasmo.

É impossível relacionar todas as pessoas que me apoiaram com suas orações, seu incentivo e sua amizade, mas gostaria de agradecer especialmente a Daria Donnelly, Steve De Mott, Rachelle Linner, Jim Martin, Kathy Boudin, Bernadette Price e ao falecido Chuck Matthei.

Não há palavras adequadas para agradecer à minha esposa, Peggy, cuja boa influência se reflete nas melhores partes deste texto, assim como em minha vida. Meu agradecimento final é direcionado aos meus filhos, Nicholas, Catherine e Christina: depois dos santos, meus guias para a felicidade.

PREFÁCIO

Porque fomos feitos para a felicidade, e qualquer um que seja totalmente feliz tem o direito de dizer para si mesmo: "Eu estou fazendo a vontade de Deus na Terra." Todos os justos, todos os santos e todos os santos mártires foram felizes.

— Dostoievski, *Os Irmãos Karamazov*

BEM NO FUNDO DO CORAÇÃO de todas as pessoas há um anseio por felicidade. Podemos buscá-la por vários caminhos e sob vários pretextos, muitas vezes ilusórios, mas o objetivo é o mesmo. Essa é a razão pela qual as pessoas se casam e se divorciam, viajam ou compram bilhetes de loteria, estudam o mercado de ações ou assistem a programas de fofoca. Como observou Pascal: "O motivo pelo qual algumas pessoas vão para a guerra e outras não vão é o mesmo desejo, mas interpretado de dois modos diferentes... Esse é o motivo de todos os atos de todas as pessoas, inclusive das que se enforcam."

Mas o que *é* felicidade? Essa é uma pergunta universal, antiga como a filosofia. Há mais de 15 séculos, Santo Agostinho citou um estudioso que podia imaginar 288 escolas de pensamento possíveis, dependendo das variantes na abordagem desse tema. Sem dúvida os séculos que se seguiram aumentaram esse número.

"A busca da felicidade" (uma frase cultuada na Declaração de Independência dos Estados Unidos) é o tema de inúmeros livros, mesmo dos aparentemente preocupados com outros assuntos. Muitos deles descrevem em linhas gerais passos específicos que devem ser seguidos — *Cinco princípios*, *Nove estratégias* ou até mesmo *100 segredos* — para alcançar esse objetivo. Alguns associam claramente felicidade a "sucesso", seja isso definido em termos de prosperidade material ou bem-estar psicológico. Outros exploram as dimensões espirituais da felicidade, enfatizando uma atitude de consciência, ou virtudes como gratidão e capacidade de perdoar. Entre os livros dessa categoria, muitos são escritos por budistas. Até o Dalai Lama contribuiu para essa literatura, com seu best seller *A arte da felicidade*.

Entretanto, mesmo antes de lermos qualquer um desses livros, nossa idéia da felicidade é influenciada por um fluxo constante de mensagens culturais. Não são apenas os artigos de revistas que prometem felicidade por meio de sexo melhor, uma aparência mais jovem ou um retorno maior dos nossos investimentos. Em praticamente todos os anúncios e comerciais de televisão, vemos pessoas cuja expressão beatífica exclama: "Este é o caminho da felicidade!" — se pudermos possuir o que possuem, parecer com elas ou ser como elas.

Todas essas abordagens têm em comum uma tendência a apresentar a busca da felicidade em termos subjetivos. Em última análise, a felicidade é uma questão de *se sentir* feliz. Mas os sentimentos são sabidamente instáveis, sujeitos a muitas circunstâncias e influências além de nosso controle. Esse fato se reflete na própria etimologia da palavra inglesa para felicidade: *happiness*, que deriva de *hap*, que significa "acaso" ou "sorte", como em *happen* ou *happenstance*, que significam respectivamente "acontecer" e "acontecimento casual".

Mas e se a felicidade não for subjetiva, uma questão de como nos sentimos ou de sorte, algo que simplesmente *acontece*? E se for uma condição mais *objetiva*, algo análogo à saúde física? Aristóteles tinha esse ponto de vista. A palavra que ele usava para felicidade, *eudaimonia*, não representa sentimentos, mas um modo de *ser*, uma certa plenitude de vida. Para Aristóteles, felicidade tem a ver com viver de acordo com a ordem racional e moral do universo. É mais como o *florescimento* de uma planta sadia do que como o princípio do prazer de Freud. Como está arraigada nos hábitos da alma, é o fruto de um esforço considerável. Mas, pelo mesmo motivo, não está sujeita aos caprichos da sorte.

Os autores do Novo Testamento que escreveram em grego não usaram a palavra de Aristóteles para felicidade, mas outra, *makarios*, que remete à felicidade dos deuses no Elísio. No Evangelho de Mateus, Jesus usa essa palavra para apresentar seu Sermão da Montanha: "Felizes os humildes de espírito... Felizes os mansos... Felizes os que choram..." São Jerônimo, que preparou a tradução latina no século IV, usou *beatus*, uma palavra que combina as conotações de ser feliz e abençoado. Por isso, esses versículos são conhecidos como Beatitudes, ou Bem-aventuranças. Forçados a escolher, a maioria dos tradutores que se seguiram optou — provavelmente em uma decisão acertada — pelo mais familiar "Bem-aventurados...". Afinal de contas, as Bem-aventuranças não têm a ver com "rostos sorridentes" ou se sentir feliz. Não têm nada a ver com sentimentos. Têm a ver com partilhar na vida e no espírito a felicidade de Deus. Nesse espírito, um discípulo (como o próprio Jesus) poderia experimentar tristeza, sofrimento e perda, e, ao mesmo tempo, permanecer "bem-aventurado" — isto é, feliz, no sentido mais básico.

Levando-se isso em consideração, é surpreendente que os cristãos relutem tanto em abordar esse tema. Por quê? Talvez a busca da felicidade pareça vã e egoísta. Afinal de contas, o Evangelho tem a ver com salvação, não com sucesso ou "se sentir bem". Por outro lado, muitas pessoas associam cristianismo a moralismo severo e autonegação; a tradição cristã é o último lugar em que procurariam conselhos sobre a felicidade. E, por isso, todas essas pessoas, tanto as cristãs como as apenas tangencialmente relacionadas com qualquer prática religiosa, continuam sem saber que o tema da felicidade corre como um fio de prata por toda a tradição cristã, especialmente na sabedoria de seus primeiros expoentes, as mulheres e os homens conhecidos como santos.

À luz das concepções populares do cristianismo, essa afirmação pode parecer não só desconhecida como também esquisita. Certamente, os santos são especialistas em santidade, mas o que sabem sobre a felicidade? Isso depende, é claro, de nossa interpretação da santidade. Podemos supor que os santos foram pessoas perfeitas de um passado distante que realizaram milagres, passaram suas vidas na igreja e procuraram ansiosamente oportunidades de ter mortes terríveis e prematuras. Se isso descreve a imagem que temos deles — uma imagem freqüentemente mostrada em vitrais e cartões —, sua sabedoria parece inatingível e desconcertante. Conseqüentemente, podemos presumir que o cristianismo é pouco relevante para a resposta aos anseios mais profundos de nossos corações.

No entanto, quando aprendemos mais sobre os santos, descobrimos que eles tinham dúvidas iguais às nossas. Qual é o sentido e objetivo da vida? Por que grande parte de nossas esperanças e planos acaba em tristeza e desapontamento? Como podemos encontrar a verdadeira paz? Há um tipo de felicidade imune à perda, à dor e às mudanças nas situações?

Muitos santos são bem conhecidos: Santo Agostinho, São Francisco de Assis, Santo Thomás de Aquino ou Santa Teresa d'Ávila. Outros não. Alguns morreram como mártires (literalmente "testemunhas") ou dedicaram suas vidas a orar e servir ao próximo. A outros, foram creditados milagres em vida. Mas, por fim, eles não foram chamados de santos devido ao modo como morreram, às suas visões ou aos seus milagres, mas devido à sua extraordinária capacidade de amor e bondade, que lembrava às outras pessoas o amor de Deus.

As vidas dos santos, como as nossas, freqüentemente foram marcadas por sofrimentos e privações. Se a versão deles de felicidade significasse ser devorado por leões ou usar uma veste de cilício, provavelmente seria aceita por poucos. Mas é um erro associar os santos a sofrimentos e privações. Em geral, eles eram conhecidos por seu equilíbrio e bom humor, sua compaixão e generosidade, seu espírito de paz e liberdade diante de obstáculos e adversidades, e sua capacidade de encontrar alegria em tudo. Essas qualidades os tornaram, em muitos casos, objeto não só de veneração, como também de admiração por parte de seus contemporâneos.

Também é um erro pensar nos santos apenas como figuras de um passado distante. Eles estão por toda parte em nosso meio. Alguns são figuras excepcionais, como Dorothy Day, Thomas Merton, Oscar Romero ou Madre Teresa. Outros podem ser pessoas que conhecemos ou encontramos todos os dias: pessoas que nos fazem lembrar de Deus; cujo amor, cuja coragem e cujo equilíbrio interior parecem distingui-las, não como pessoas acima dos seres humanos comuns, mas como modelos do que os seres humanos devem ser. Quando estamos com elas, sentimo-nos mais alegres e mais gratos por estar vivos, talvez desejando conhecer o "segredo" de sua iluminação interior.

Nenhum santo jamais escreveu "instruções para a felicidade". Na verdade, muitos deles advertiram as pessoas da tentação de reduzir o Evangelho a um sistema de técnicas ou "passos fáceis". Como observou São João da Cruz, há aqueles que "nunca se fartam de ouvir conselhos e aprender preceitos espirituais, e de possuir e ler livros que tratam desse assunto". Os santos gostariam de que nos lembrássemos de que há uma grande diferença entre a prática da santidade e a simples leitura de livros "que tratam desse assunto".

Com essa advertência, eu apresento nos capítulos que se seguem um estudo da felicidade por intermédio das vidas e dos escritos de vários santos cristãos. Na verdade, meu objetivo é ver o que podemos aprender com eles sobre o significado de uma vida plena e autêntica. Que lições podem nos dar sobre a busca da felicidade? Como podem nos ajudar no caminho para nossos eus verdadeiros e melhores?

A seqüência dessas lições segue uma ordem mais intuitiva do que racional. Qualquer um desses capítulos pode ser uma introdução à sabedoria dos santos e o início de nossa própria jornada. É claro que na vida real esses temas estão interligados. Contudo, há uma certa curva do progresso do primeiro ao último passo.

A busca da felicidade costuma começar com a ânsia por uma vida mais autêntica, o impulso que fez com que tantos santos, dos antigos padres do deserto aos místicos contemporâneos, se rebelassem contra a "insensibilidade" da cultura ao seu redor e suas falsas recompensas. Isso leva a lições sobre renúncia, trabalho, quietude e amor — o objetivo final de toda prática espiritual.

Nesse ponto as lições se tornam mais duras. "Aprender a sofrer" trata do tema mais difícil, porém mais necessário, em qualquer "guia para a felicidade". Aqui, a sabedoria dos santos é especialmente notável, porque eles não nos mostram como evitar o sofrimento, nem nos ensinam que o sofrimento nos torna felizes. O que nos mostram é que somente no caminho da santidade podemos entender um tipo de felicidade à qual o sofrimento não é necessariamente um obstáculo. O mesmo se aplica ao tema da morte. No caminho dos santos para a felicidade a morte deixa de ser um inimigo ou fim terrível; aprender a morrer, ao que parece, é um aspecto indispensável de aprender a viver. Além disso, ainda resta uma última lição, porque os santos não vêem a morte como o último capítulo da história humana. Sua visão é treinada em uma dimensão da felicidade ainda maior do que esta vida pode conter. Em vez de diminuir a importância da vida diária, esse objetivo final dá valor e sentido a tudo que vem antes.

Santos são aqueles que personificaram a sabedoria mais profunda do cristianismo. Naturalmente, seus ensinamentos têm um significado especial para quem partilha sua fé. Mas uma vez que os santos experimentaram a condição humana, sua experiência tem uma certa relevância universal. Grande parte dessa sabedoria — sobre o valor do desprendimento, do bom trabalho, da paz interior e a importância do amor — se reflete no conselho prático de outros conselheiros e guias. Uma das mais populares e recentes máximas inspiradoras é: "Não faça tempestade em copo d'água." De certo modo isso repete o conselho de Jesus à sua discípula Marta de Betânia, quando ela se queixou de que sua irmã Maria não a estava ajudando na cozinha: "Marta, Marta, estás ansiosa e afadigada com muitas coisas, mas uma só é necessária."

Thomas Merton aludiu a essa história em palavras diretamente relacionadas com o tema deste livro: "A felicidade consiste em descobrir exatamente qual pode ser a 'única coisa necessária' em nossas vidas, e abrir mão de bom grado de todas as outras. Porque então, por um paradoxo divino, descobrimos que tudo o mais nos é dado junto com a única coisa necessária."

Qual é a "única coisa necessária"? Sua forma é diferente para cada pessoa, embora seu conteúdo seja sempre o mesmo: "Cumprimirmos os nossos próprios destinos, segundo a vontade de Deus, sermos o que Ele deseja que sejamos."

✦

As "lições" neste livro se baseiam não em minha própria sabedoria ou em qualquer aspiração de minha parte à santidade, mas apenas em minhas próprias dúvidas e minha própria busca. Foi essa busca que me levou, muitos anos atrás, a sair do colégio para o Catholic Worker, uma "casa de hospitalidade" no Lower East Side de Manhattan. Esse movimento cristão radical representa um esforço contínuo para vivenciar o Evangelho com os pobres e a serviço da paz. Várias motivações me levaram para lá. Com 19 anos, ansiava por experimentar algo direto da vida, não apenas dos livros. Estava cansado de viver apenas por mim mesmo e desejava me dedicar a algo maior e mais significativo. Tinha uma boa idéia sobre o que eu era *contra*; queria descobrir do que era *a favor*.

Dorothy Day, fundadora do movimento e editora de seu jornal, conhecia essas motivações. "O que é o movimento Catholic Worker?", perguntou ela em uma de suas últimas colunas. "De certo modo é uma escola, um campo de trabalho para onde jovens generosos e com consciência social se dirigem a fim de descobrir suas vocações. Depois de alguns meses ou anos, sabem definitivamente o que querem fazer em suas vidas. Alguns se tornam médicos, enfermeiros, advogados, professores, fazendeiros, escritores e editores. Aprendem não só a amar compassivamente como também a vencer o medo, essa emoção perigosa que precipita a violência."

Eu fiquei no Catholic Worker por cinco anos — os últimos da vida de Dorothy Day. Quando saí, havia encontrado grande parte do que buscara, e talvez mais. Entre outras, coisas tinha me tornado católico. A atração pelo catolicismo teve pouco a ver com a doutrina ou autoridade doutrinária da Igreja, da qual entendo muito pouco.

Teve muito mais a ver com a sabedoria e o exemplo dos santos, e o poder de vários clássicos espirituais. Com Santo Agostinho, aprendi a ver minha vida como parte da própria história da criação e graça de Deus. Com Pascal, aprendi que a mensagem do Evangelho corresponde às perguntas de meu próprio coração. Com Flannery O'Connor, aprendi a diferença que faz ver o mundo à luz da fé. E com Dorothy Day, aprendi a conhecer e amar os santos — não apenas como figuras legendárias da história cristã, mas como amigos e contemporâneos, membros da família, como ela se referia a eles.

Foi a própria Dorothy quem me fez suspeitar pela primeira vez de que santidade e felicidade estavam relacionadas. Ela era uma mulher de extraordinária vitalidade — muito dedicada à oração e, contudo, totalmente presente para quem estivesse ao seu lado. Bem sintonizada com o sofrimento alheio, também era sensível aos sinais de beleza e até mesmo atenta ao que chamava de "dever do prazer". Lia as notícias do dia à luz da eternidade. E quando estava com alguém, tinha a notável capacidade de fazê-lo achar que podia mudar o mundo e ser uma pessoa melhor, e que isso seria uma grande aventura.

Nos anos que se seguiram à minha conversão ao catolicismo, muitas vezes me perguntaram se eu planejava tornar-me padre ou monge. Mas, em última análise, esse não era o meu caminho. Em vez disso me casei, tive três filhos e fui trabalhar como editor de livros religiosos. E foi nesse contexto, na alegria freqüente e no tumulto ocasional da vida familiar, que tive minhas conversas com os santos. Às vezes, as vidas deles parecem muito distantes do mundo em que vivo. Há ocasiões em que me deito na cama e penso com inveja em como deve ser fácil encontrar Deus na quietude e solidão de uma célula monástica!

Mas então me ocorre a principal lição dos santos: o fato de que, para todos nós, é nossa situação atual e condição de vida que apresenta nosso caminho da santidade. Esse é o meu mosteiro!

E se há um caminho para Deus em minha vida atual, devo aprender a encontrá-lo no trabalho, levando meus filhos para a escola, passeando com o cachorro, lavando os pratos e cumprindo uma centena de outras exigências de meu tempo e minha atenção. Por exemplo, aprendi que não é preciso ir para um lugar religioso especial para encontrar oportunidades de praticar a paciência, a humildade, o perdão, a abnegação e a generosidade. Uma família pode ser um lugar ideal para isso — sob alguns aspectos, melhor do que um mosteiro. Tudo, até mesmo o ato de escrever este livro, é parte de meu caminho para Deus. Sendo assim, deve ser parte de meu caminho da felicidade.

✦

Se há uma passagem do Evangelho que se repete regularmente nas vidas dos santos é a de Jesus e o "jovem rico" que o procurou para saber o segredo da felicidade ("O que farei para herdar a vida eterna?"). Jesus lhe disse: "Vai, vende tudo quanto tens, dá-o aos pobres e terás um tesouro no céu; e vem, toma a cruz e segue-me." Ele não estava convidando esse jovem para uma vida miserável, mas para uma nova vida, mais rica do que tudo que o jovem já conhecera. São Marcos observa significativamente que Jesus olhou para o homem "e o amou". Mas, evidentemente, isso era ao mesmo tempo demais e insuficiente para ele. Talvez tivesse preferido uma lista de "cinco princípios" ou "dez passos fáceis". E então se retirou, triste.

Para muitos dos santos, essa história representou a principal escolha de suas vidas. Eles aceitariam o desafio e convite de Jesus ou também, como o jovem na passagem do Evangelho, se retirariam tristes? Felizmente, escolheram aceitá-lo. As lições a seguir descrevem um pouco do que viram e aprenderam ao longo do caminho.

CAPÍTULO 1

Aprender a estar vivo

Nós vos suplicamos, tornai-nos verdadeiramente vivos.

— Serapião de Thmuis

Oh, Senhor da vida, rega de chuva as minhas raízes.

— Gerard Manley Hopkins

SÃO MUITAS AS TRISTEZAS DA VIDA. Mas tristeza não é o oposto de felicidade. Na tristeza, pelo menos temos consciência de que estamos vivos. Por isso, com freqüência o problema não é realmente a tristeza, mas a insensibilidade que acompanha a nossa existência diária. O ritmo e as pressões do mundo, a luta para "ganhar a vida", a inquietação produzida pela propaganda constante, o discurso atordoante da cultura de consumo — tudo isso contribui para a fadiga, o entorpecimento, a incapacidade de sentir qualquer coisa. Nossos corpos podem ter se desenvolvido — nenhuma geração viveu tanto ou foi tão saudável — mas há uma doença que corrói nossas almas.

Nós podemos vê-la nos rostos de pessoas a caminho do trabalho ou fazendo compras, e freqüentemente no rosto que encontramos no espelho. Também podemos vê-la em rostos nas igrejas e templos religiosos. A religião em si não oferece uma imunidade especial contra a insensibilidade, especialmente quando a prática religiosa é apenas outra tarefa a realizar, um conjunto de regras a obedecer. William Blake escreveu desdenhosamente que "padres em vestes negras faziam rondas, atando com nó espinhoso meus prazeres e desejos".

Sem dúvida, freqüentemente, parece ser assim. Mas não é assim que precisa ser.

A respeito do rebanho sob seus cuidados, Jesus disse: "Eu vim para que eles pudessem ter vida e tê-la em abundância." Essa vida em abundância é um modo de descrever o significado da felicidade. É um antídoto para o tipo de existência — seca e vazia — que obscurece até mesmo a lembrança de nossos "prazeres e desejos". Contudo, ao longo dos séculos, muitos cristãos transpuseram a promessa de Cristo para o outro lado da morte, dessa forma, desprezando o desafio para buscar a vida e a felicidade no presente. Contra essa tendência, São Teófano, o Monge, um dos antigos padres do deserto, advertiu: "Não te iludas com esperanças vãs de que no mundo que há de vir encontrarás a vida se não tentastes encontrá-la no mundo presente."

Santo Irineu, um bispo e teólogo do século XII, conceituou a plenitude desse modo: "A glória de Deus é o homem plenamente vivo." Irineu escreveu essas palavras para se opor a um tipo de espiritualidade que menospreza a existência material no mundo. Mas suas palavras apresentam um desafio para qualquer um que se contente com uma vida truncada, seja reduzida a trabalho, diversão ou um espiritualismo extraterreno. Fomos criados para estar plenamente vivos; foi para esse objetivo, como nos lembram os santos, que Cristo indicou o caminho.

Mas nós o perdemos de vista.

GOSTO PELA VIDA

O que poderia significar estar "plenamente vivo"? Obviamente não é o mesmo do que apenas comer e respirar. Tampouco se expressa em hiperatividade maníaca. Estar plenamente vivo é uma questão de vivenciar a parte mais profunda de si mesmo. Chame-a de o íntimo ou a alma; essas são as palavras que descrevem a parte central e essencial de nosso ser, o lugar em que somos mais verdadeiramente nós mesmos. Devido ao tumulto e às distrações ao nosso redor, com freqüência é difícil imaginar que esse lugar existe. Nós deslizamos pela superfície, influenciados por jornais, vizinhos ou comerciais na TV. Eles nos dizem o que desejar, o que temer, o que nos trará alegria. Contudo, quanto mais ouvimos essas vozes, menos nos conhecemos. Não admira que a felicidade seja tão esquiva.

As pessoas chamadas de santas seguiram outro caminho, um caminho para Deus e, ao mesmo tempo, para seus verdadeiros eus. Poderiam nos ensinar muitas coisas. Entretanto, sua autoridade como guias e mestres costuma desaparecer à sombra de uma aparente "dessemelhança" que logo os torna inacessíveis e desinteressantes. Para começar, os santos são pessoas perfeitas — "não como nós". As histórias tradicionais sobre suas vidas reforçam essa impressão, enfatizando características milagrosas e místicas e removendo tudo reconhecível como humano. Baseados nisso, poderíamos chegar à mesma conclusão de George Orwell de que a própria aspiração à santidade é sinal de personalidade deformada. "Os santos", escreveu, "sempre deveriam ser considerados culpados até prova em contrário."

Em parte a culpa é das hagiografias piegas. Dorothy Day escreveu que leu um livro sobre santos que incluía este trecho sobre seus hábitos alimentares: "Os santos iam fazer suas refeições suspirando. Santo Afonso, quando se sentava, só pensava no sofrimento das almas no purgatório e, em lágrimas, rogava à Virgem Maria que aceitasse as mortificações que se impunha durante as refeições. O Santo de Montfort, às vezes, derramava lágrimas e suspirava amargamente quando se sentava à mesa para comer." Sobre isso, Day fez o breve comentário: "Não admira que ninguém queira ser santo."

Entretanto, Day transmitia algo diferente. Ninguém que já tivesse observado como ela saboreava uma xícara de café instantâneo ou o raro luxo de um pãozinho fresco; como gostava de contemplar o fluxo das marés de Raritan Bay, fora de Staten Island; ou ouvia embevecidamente óperas nos programas de rádio de sábado à tarde, podia deixar de perceber a qualidade que Teilhard de Chardin descreveu como um "gosto pela vida": "essa disposição espiritual, ao mesmo tempo intelectual e afetiva em virtude da qual a vida, o mundo e a ação nos parecem, de um modo geral, luminosos — interessantes — gostosos."

Como os heróis místicos das lendas religiosas, os santos podem parecer próximos de Deus, mas não exatamente humanos. Na verdade, como observou Thomas Merton, a santidade é uma questão de ser mais plenamente humano: "Isso envolve uma maior capacidade de se preocupar, sofrer, ser solidário e também ter humor e alegria, e apreciar as coisas boas e belas da vida." Observa-se essas qualidades em pessoas santas de tempos recentes — Madre Teresa, Papa João XXIII ou o Dalai Lama —, uma certa leveza do ser, longe da atitude mortificativa do Santo de Montfort em relação à sua comida. E isso faz com que nos perguntemos se não havia uma qualidade ou aura semelhante nos grandes santos do passado — como São Francisco de Assis, que montou o primeiro presépio de Natal, Santa Teresa d'Ávila, que rezou para Deus "nos livrar dos santos de rostos soturnos", ou São Francisco de Sales, autor da frase "um santo triste é um triste santo". Eles se destacaram não só por sua fé ou suas boas obras como também por mostrarem uma certa qualidade do ser. Na arte tradicional cristã, essa aura era representada por um halo. Os santos de verdade não têm essas marcas distintivas. Mas a aura é real. É a presença da vida, da vida em abundância.

✦

Longe desse objetivo, no atoleiro do marasmo, onde começa o nosso caminho da felicidade? Pode começar com uma certa inquietude, uma sensação sutil de insatisfação, a suspeita de que "deve haver *mais* na vida". É claro que nossa cultura tem uma resposta pronta para isso: de fato, há infinitamente mais — mais coisas, mais prazeres, mais *divertimento.*

O mundo oferece inúmeros prazeres e divertimentos. Mas eles não podem satisfazer nossos anseios mais profundos. Quando percebemos isso, e se nossa inquietude permanece intacta, podemos nos ver começando o que Walker Percy, em *The Moviegoer*, chama de busca: "Busca é o que qualquer um empreenderia se não estivesse afundado na rotina de sua própria vida... Tornar-se consciente da possibilidade da busca é descobrir algo novo e importante. Não descobrir algo novo e importante é perder a esperança."

A linhagem desses místicos é longa. Inclui figuras recentes como Thomas Merton, autodescrito como "um homem completo do século XX" que, no início da Segunda Guerra Mundial, abandonou as ambições de sua roda literária de Nova York para se tornar um monge trapista na zona rural de Kentucky. Justificando sua decisão, mais tarde ele escreveu: "O que eu abandonei quando 'deixei o mundo' e vim para o mosteiro foi *a percepção de mim mesmo* que havia desenvolvido no contexto da sociedade civil — minha identificação com o que me pareceu ser seus objetivos... a imagem de uma sociedade que é feliz porque bebe Coca-Cola, Seagram's ou ambas, e está protegida pela bomba."

A linhagem remonta a Henry David Thoreau, o sábio do século XIX da Nova Inglaterra. Em 1845, ele se retirou para uma cabana em Walden Pond, perto de Concord, buscando escapar de um mundo em que "a maioria dos homens leva uma vida de mudo desespero". Ele condenava a condição da vida cotidiana, que não lhe parecia melhor do que uma espécie de sonambulismo. "Estar desperto é estar vivo", escreveu. "Ainda não encontrei um homem que estivesse bem desperto." E então se retirou por algum tempo para o equivalente ao deserto da Nova Inglaterra, esperando "viver deliberadamente, enfrentar somente os fatos da vida e ver se não podia aprender o que ela tinha a ensinar, e, não, quando viesse a morrer, descobrir que não havia vivido".

Isso remonta a um passado bem mais distante...

AO DESERTO

No século IV, justamente quando o cristianismo havia atingido um certo nível de aceitação, surgiu um novo fenômeno, uma fonte de admiração e fascínio para os cristãos no final da sociedade romana. Homens e mulheres — a princípio uns poucos intrépidos pioneiros, mas gradualmente surgiram mais e mais adeptos — começaram a se dirigir ao deserto, povoando recantos aparentemente inabitáveis da Palestina, da Arábia, da Síria e do Egito. Algumas dessas pessoas se reuniram em pequenas comunidades; outras viveram em cavernas remotas e isoladas, ou ruínas abandonadas. Em sua solidão, dedicaram-se à oração e ao jejum, à reflexão sobre as Escrituras, e ao simples trabalho.

O que buscavam? São muitas as respostas possíveis; viver mais deliberadamente, procurar um caminho mais curto para a salvação, superar a insensibilidade que percebiam na cultura ao seu redor, explorar a fonte da vida. Sim, tudo isso. E, contudo, é surpreendente a freqüência com que as histórias desses peregrinos do deserto se relacionam com a busca da felicidade. Há a história de São Simeão Estilita (cerca de 459) que, após ouvir uma recitação das Bem-aventuranças, rezou para que Deus o levasse ao caminho da felicidade e, curiosamente, foi levado a construir uma série de colunas cada vez mais altas, sobre as quais passou os 37 anos seguintes de sua vida. Há também a de São Macário do Egito, cujo próprio nome provém da palavra grega para a felicidade. Um dia, quando atravessava o Nilo, ouviu por acaso um soldado comentar sobre seu comportamento alegre e declarou: "Tens razão em nos chamar de felizes, porque este é nosso nome. Mas se somos felizes desprezando o mundo, vocês, que vivem escravizados a ele, não são infelizes?"

O mais famoso desses padres do deserto foi Santo Antão, que morreu em 356 com a notável idade de 105 anos. Nascido em uma próspera família cristã, no Alto Egito, viu sua vida ser radicalmente transformada em um domingo, ao ouvir a passagem do Evangelho sobre Jesus e o jovem rico. Ele ficou particularmente impressionado com a injunção de Jesus: "Vai, vende tudo quanto tens, dá-o aos pobres, e terás um tesouro no céu." Presumivelmente outros na igreja ouviram a mesma passagem, mas Antão a tomou a sério. Em pouco tempo, deu tudo o que tinha e foi para o deserto, acabando por habitar um forte abandonado no alto de um monte, no Deserto Arábico. Lá ele viveu durante os vinte anos seguintes, passando seu tempo em oração, contemplação e cuidando de seu pequeno jardim. Quando um filósofo o visitou e lhe perguntou como podia ser tão feliz sem "o consolo dos livros",

Antão respondeu: "Meu livro é a natureza das coisas criadas, e sempre que quero ler as palavras de Deus o livro está aberto diante de mim."

Sua história é recontada em um livro de Santo Atanásio (cerca de 373), o bispo de Alexandria. *The Life of Antony*, escrito logo após a morte do santo, não poupa detalhes de suas várias austeridades e provações: fome, sede e privação de sono, para não falar no perigo de leões, crocodilos, cobras e escorpiões. Contudo, os episódios mais dramáticos envolvem o ataque a Antão de uma sucessão de demônios, que lhe apareceram sob várias formas e disfarces — tão horríveis como atraentes — para tentá-lo em seu caminho. Mas depois de todas essas provações, quando Antão finalmente ressurgiu após seus muitos anos de solidão, todos se maravilharam com sua condição física, porque ele não estava "nem gordo devido à falta de exercícios, ou magro devido ao jejum e combate com os demônios".

Seu equilíbrio interior era igualmente impressionante: "Com a alma livre de confusão, seus sentidos exteriores tampouco estavam perturbados, de modo que a alegria de sua alma também lhe alegrava o rosto, e pelos movimentos de seu corpo podia-se perceber a condição estável de sua alma." Finalmente, ele aceitou se tornar o abade de uma comunidade de monges. Segundo Atanásio, que o conheceu, "ele nunca estava preocupado, sua alma sendo tranqüila, e nunca parecia triste, sua mente sendo alegre".

Os monges do deserto tinham um nome para esse tipo de equilíbrio. Eles o chamavam de *apatheia* — algo bem diferente da indiferença ou do desânimo associados à "apatia". Para os monges do deserto, a verdadeira vida começava quando não se era mais prisioneiro de sentimentos como raiva, medo, luxúria e orgulho. Quando todas essas paixões eram superadas, o resultado não era uma ausência de sentimentos, mas *apatheia* — um equilíbrio e uma plenitude expressos em bondade, gentileza e compaixão: a "alegria da alma" tão evidente no rosto de Antão, ou a "felicidade" visível em São Macário.

The Life of Antony foi um sucesso popular. Deu origem a toda uma literatura similar de *vitae*, dessa forma, satisfazendo, nos tempos antigos, um apetite por histórias de heroísmo espiritual. Um dos contagiados pelo poder dessa narração foi Santo Agostinho, bispo de Hipona e uma das figuras mais destacadas na história cristã. Em seu *Confissões*, ele contou que, na véspera de sua conversão, recebeu a visita de Ponticiano, um cristão "que ocupava uma alta posição na corte imperial". Desse cavalheiro ouviu pela primeira vez a história de Santo Antão e ficou "pasmado ao tomar conhecimento dos milagres que Deus operara tão recentemente, quase em nossos próprios tempos". (Agostinho nasceu em 354, dois anos antes da morte de Antão.)

Contudo, a surpresa de Agostinho foi seguida de uma certa angústia. Embora durante algum tempo ele tivesse aceitado intelectualmente a lógica do cristianismo, achara impossível conciliar sua vida com suas recém-descobertas convicções. Como o jovem rico do Evangelho, "eu ainda adiei minha renúncia aos prazeres deste mundo, que teria me deixado livre para buscar essa outra felicidade, a própria busca que, para não mencionar sua descoberta, eu deveria ter valorizado mais do que a descoberta de todos os tesouros e reinos humanos... Durante todo o tempo em que Ponticiano estava falando, minha consciência me atormentou assim".

Para Agostinho, a história de Antão descreveu a busca da felicidade. Antão a havia encontrado; Agostinho a queria também.

A uma distância de 16 séculos, é difícil avaliar o apelo de uma narrativa dessas. Nossa sociedade tende a idealizar a satisfação pessoal, não a autonegação. Em contraste com a felicidade proporcionada pela vida entre os escorpiões, as aflições de nossa "escravidão" atual podem parecer caras e familiares.

Thomas Merton refletiu essa atitude quando, na véspera de sua conversão, deparou-se com um texto de Aldous Huxley que exaltava o ascetismo: "Ascetismo! O simples pensamento em uma coisa dessas era uma revolução completa em minha mente. Até agora a palavra havia representado uma espécie de estranha e repulsiva perversão da natureza, o masoquismo de homens que enlouqueceram em uma sociedade deformada e injusta. Que idéia! Negar os desejos da própria carne, e ainda por cima praticar certas disciplinas que puniam e reprimiam esses desejos: até hoje, essas coisas nunca tinham conseguido me proporcionar nada além de arrepios na pele."

Contudo, apesar de suas associações negativas, havia mais no ascetismo do que mera autopunição. A palavra vem de "ascese", ou exercício, como o que um atleta poderia fazer. Qualquer um que tenha treinado para uma maratona sabe o que significa suportar privação física em prol de um objetivo. De modo semelhante, as austeridades e os sacrifícios dos monges do deserto visavam disciplinar a vontade, uma intensidade de foco e concentração em seu objetivo espiritual. Qual era esse objetivo? Para os monges, a fuga "do mundo" era na verdade uma rejeição ao "mundanismo", à agenda social organizada em torno da busca de poder, bens, prazer e status. Se isso parecer estranho, poderíamos substituir "o mundo" pelos valores de Hollywood, Madison Avenue, Wall Street ou Fox Network, os árbitros de uma cultura que favorece a imagem em detrimento da realidade, o ter em detrimento do ser.

Os antigos monges procuraram um caminho que os afastasse da insensibilidade da vida. Não fugiram "do mundo" apenas para rejeitar prazeres materiais, muito menos para se punir; fugiram para "despertar" para uma qualidade de vida mais profunda do que o costume, a rotina e escravidão da expectativa social. Como o próprio Merton mais tarde veio a reconhecer, "acima de tudo, o que os padres [do deserto] buscavam era seu verdadeiro eu em Cristo. E para isso tinham de rejeitar completamente o eu falso e formal, fabricado sob coação social 'no mundo'. Eles buscavam um caminho para Deus inexplorado e livremente escolhido, não herdado de outros que já o tinham mapeado. Buscavam um Deus que poderiam encontrar sozinhos, não 'apresentado' de uma forma estereotipada por outra pessoa."

Eles estavam aprendendo a estar vivos.

LIBERDADE

A subseqüente afinidade de Thomas Merton com esses exploradores espirituais surgiu de sua própria experiência. Em *A montanha dos sete patamares*, a autobiografia que escreveu no início de sua vida como monge trapista, Merton falou sobre a jornada que o levara de uma vida de "escravidão" sem propósito no mundo para a "liberdade" de seu encerramento entre as quatro paredes de uma cela monástica. Até mesmo segundo os padrões monásticos, os trapistas (a Ordem dos Cistercienses da Estrita Observância) tinham uma reputação de extrema austeridade, preservando nas vestes, nos costumes e no espírito de silêncio o caráter de suas raízes medievais. Em comparação, Merton parecia ser um produto acabado do mundo moderno. Tivera uma vida de desregramento, excitação e busca do prazer apenas para no fim rejeitar tudo isso como uma ilusão. Como ele escreveu: "Se o que a maioria das pessoas tem como certo fosse realmente verdade — se tudo que você precisava para ser feliz era ter e ver tudo, examinar cada experiência e depois falar sobre ela, eu deveria ter sido muito feliz, um milionário espiritual, do berço até agora." Ele *deveria* ter sido muito feliz. Mas não foi.

A montanha dos sete patamares conta a história — alternadamente divertida e triste — da busca de Merton por sua verdadeira identidade e seu lar, que começou com sua infância órfã e educação na França; em Cambridge, Inglaterra, onde foi expulso da universidade por causa de seu comportamento escandaloso; e, finalmente, na Columbia University, em Nova York. Lá, ele aperfeiçoou uma atitude de fria sofisticação — fumando, bebendo todas as noites em clubes de jazz e escrevendo romances ao estilo de James Joyce. Via-se como um autêntico homem de sua idade, livre de quaisquer leis morais além de suas próprias, pronto para "roubar" do mundo todos os prazeres e satisfações. Mas cada vez mais sua vida lhe parecia uma história de orgulho e egoísmo que não trazia nada além de infelicidade para si mesmo e os outros. "Coisa estranha!", escreveu. "Eu assimilava tudo, mas estava vazio de tudo. Devorando prazeres e alegrias, só encontrava angústia, miséria e temor."

Em sua angústia e confusão, Merton viu-se dominado pela sensação de que deveria haver um fim e propósito mais profundo na vida. Ao seu redor, o mundo avançava para a guerra, o último feito da "Civilização Contemporânea". Enquanto isso, ele lia William Blake, Santo Agostinho e filosofia medieval, e começava a suspeitar de que "o único modo de viver era viver em um mundo impregnado da presença e realidade de Deus".

Não se passou muito tempo desde esse insight até sua admissão na Igreja Católica e, finalmente, na Abadia de Gethsemani. Os trapistas conquistaram seu coração desde a primeira vez em que leu sobre eles na *The Catholic Encyclopedia:* "Que maravilhosa felicidade havia, então, no mundo! Ainda existiam homens nesta terra miseravelmente tumultuada e cruel que experimentavam a admirável alegria do silêncio e da solidão, que viviam em celas esquecidas na montanha, em mosteiros remotos, onde as notícias, os desejos, os apetites e os conflitos do mundo não mais os atingiam." Quando, mais tarde, ele fez um retiro em Gethsemani e lá viu pela primeira vez os monges silenciosos, em seus hábitos brancos e se ajoelhando na capela para rezar, sentiu que finalmente havia encontrado seu verdadeiro lar. "Este é o centro da América", exclamou.

Em vida, Thomas Merton se tornou um escritor espiritual extremamente popular. Nas décadas que se seguiram à sua morte, em 1968, essa popularidade se manteve inabalável. Pode ser que um número relativamente pequeno de seus leitores tenha seguido seu caminho para o mosteiro, mas inúmeros outros se identificaram com sua experiência. Eles sentiram a insuficiência do que "a maioria das pessoas tem como certo" na busca da felicidade. Ouviram o chamado à plenitude de vida, para além da agenda de um mundo em más condições. E reagiram como Santo Agostinho reagiu à história de Santo Antão: "pasmados ao tomar conhecimento dos milagres que Deus operara tão recentemente, quase em nossos próprios tempos".

Um desses leitores era James Martin, um jovem padre jesuíta norte-americano cuja autobiografia, *In Good Company*, descreve seu próprio "caminho rápido" do mundo corporativo para uma vida baseada nos votos monásticos tradicionais de pobreza, castidade e obediência. Embora ele tivesse sido criado como um católico nominal, suas ambições juvenis não foram afetadas por preocupações religiosas. Sendo motivado em seus estudos por sonhos de "cargos de grande influência" e "montanhas de dinheiro", matriculou-se na renomada Wharton School of Business. Com vinte e poucos anos, era bem-sucedido em seu caminho —

um executivo júnior da General Electric, subindo rapidamente a escada corporativa. Contudo, logo se viu em um ponto de total confusão e infelicidade. "Eu simplesmente não conseguia ver o *objetivo* do que estava fazendo com a minha vida. Faltava algo básico... Isto é vida?"

A inquietação de Martin foi aumentada pela atmosfera fria e impessoal do ambiente de trabalho, o desumano "downsizing", a pressão constante para atingir os "números" do trimestre. Cada vez mais ele se sentia dominado pela sensação de que sua vida não tinha "nenhuma ordem real, nenhum objetivo real e nenhum significado real". Em um domingo, na missa, ouviu a mesma passagem do Evangelho sobre o jovem rico que um dia impressionara Santo Antão: o convite de Jesus ao jovem para vender tudo o que tinha e segui-lo. "Esse era eu", refletiu, "um jovem rico e deprimido".

O momento decisivo chegou quando ele viu um documentário na televisão aberta sobre a vida de Thomas Merton. Nunca tinha ouvido falar de Merton. Mas algo nessa história, uma percepção de uma realidade maior, uma vida mais abundante, despertou sua imaginação. No dia seguinte, saiu e comprou um exemplar de *A montanha dos sete patamares.* O que leu correspondia muito à sua própria experiência. "Thomas Merton parecia ter enfrentado os mesmos problemas que eu: vaidade, falsa ambição, carreirismo. Quanto mais ele confessava suas falhas, mais eu sentia necessidade de ouvir o que tinha a dizer, e mais eco encontrava dentro de mim." Um estranho impulso, a princípio misterioso mas cada vez mais irresistível, começou a surgir dentro dele: o pensamento de que gostaria de se tornar um padre. Ele tentou afastar esse pensamento. Mas por trás havia uma crescente certeza: "Eu queria ter a mesma vida de Thomas Merton — embora não a compreendesse muito bem. Queria sentir a calma que ele sentiu quando entrou para o mosteiro."

Finalmente, encontrou essa calma, não tendo a mesma vida de Merton, Santo Agostinho ou Santo Antão, mas a seu próprio modo, como jesuíta, em um mundo "impregnado da presença e realidade de Deus".

ESTRELA DA MANHÃ

A felicidade dos santos não consiste no acréscimo de penitências e exercícios de autoconscientização. Não exige que subamos em uma coluna ou fiquemos na água gelada com os braços estendidos, como os antigos monges celtas gostavam de fazer. O que nos surpreende e atrai no melhor dos santos não é o peso de seus fardos, mas a "alegria de sua alma" que transparece em suas ações e atitudes. Não é sua seriedade que apreciamos, mas sua leveza.

Entre os ditos dos padres do deserto há esta conversa entre um monge mais jovem e um ancião. Aba Lot foi ver Aba Joseph e lhe disse: "Tanto quanto posso, exerço o meu ofício, jejuo, rezo, medito, vivo em paz e purifico meus pensamentos. O que mais posso fazer?" O ancião se levantou e estendeu suas mãos em direção ao céu, e seus dedos eram como dez lâmpadas de fogo. Ele disse: "Por que não se tornar o próprio fogo?"

A austeridade de um eremita do deserto ou a disciplina de um monge trapista não é para qualquer um. Mas se esses caminhos não são para nós, ainda nos resta o desafio de resistir à corrente descendente do mundo, tomar posse de nossas próprias almas, voltar nossos corações para a fonte da vida e saber, antes de morrermos, que realmente vivemos. Se formos bem-sucedidos, poderemos nos tornar, como os santos, uma fonte de vida e luz para os outros. Como gostava de dizer Santo Antão: "Os padres de antigamente partiam para o deserto, quando se curavam se tornavam médicos e, ao voltar, curavam os outros."

✦

Também Thoreau, depois de se aventurar em Walden Pond, lugar equivalente ao deserto, acabou voltando para Concord. Aparentemente, a experiência de dois anos de solidão o prepararam melhor para continuar suas explorações no meio da sociedade. "Eu deixei os bosques por um motivo tão bom quanto o que me levou para lá", explicou. "Talvez achasse que tinha várias outras vidas para viver e não pudesse gastar mais tempo apenas com aquela."

Thoreau era extremamente consciente das influências sedutoras da rotina e das convenções e de sua capacidade de tornar todos nós sonâmbulos: "É notável a facilidade e insensibilidade com que seguimos um determinado caminho e criamos uma rotina para nós mesmos... A superfície da Terra é macia e capaz de imprimir as pegadas dos homens; o mesmo ocorre com os caminhos que a mente trilha. Então, como devem ser gastos e poeirentos os caminhos do mundo, como devem ser profundas as marcas da tradição e conformidade!"

Mas a insensibilidade não tem a última palavra nesta história. As reflexões de Thoreau em *Walden* terminam com uma imagem notável de um "forte e belo percevejo que saiu da folha seca de uma velha mesa de madeira de macieira que ficara na cozinha de um fazendeiro durante sessenta anos", um percevejo nascido de um ovo posto muitos anos antes na árvore viva da qual foi feita a mesa. "Quem", perguntou, "não sente sua fé na ressurreição e imortalidade fortalecida ao ouvir isso? Quem sabe que vida bela e alada, cujo ovo se escondeu durante anos sob muitas camadas concêntricas de madeira na vida seca e insensível da sociedade, posto a princípio no alburno da árvore verde e viva gradualmente transformada na imagem de sua bem preparada tumba... pode inesperadamente surgir da mobília mais nova e trivial da sociedade para finalmente viver sua vida de verão perfeita!"

Esse "belo percevejo" é um símbolo adequado do espírito da vida escondido sob as camadas de nossa existência diária, essa capacidade que há em nós, mesmo quando tudo parece frio e insensível como um bulbo de tulipa no inverno — afinal de contas não está morto, mas meramente adormecido.

As palavras de Thoreau repetem o antigo desafio de despertar, superar a inércia e aprender a viver mais plenamente: "Só amanhece o dia para o qual estamos despertos", escreveu. "Há mais dias a nascer. O sol é apenas uma estrela da manhã."

CAPÍTULO 2

Aprender a renunciar

Se você olhar atentamente verá que só há uma coisa que causa infelicidade. O nome dessa coisa é Apego. O que é apego? Um estado de ligação emocional causado pela crença de que sem algo ou alguém você não pode ser feliz.

— Anthony de Mello

"BEM-AVENTURADOS os pobres de espírito, porque deles é o reino dos céus." Com essas palavras Jesus apresentou as Bem-aventuranças — um preâmbulo para o Sermão da Montanha e uma instilação de seus ensinamentos essenciais. Incontáveis gerações refletiram sobre essa "bem-aventurança", perguntando-se até que ponto a felicidade da pobreza espiritual obriga alguém a ser realmente pobre — ou talvez, mais exatamente, até que ponto as intenções de Jesus podem ser conciliadas com a busca da propriedade privada. Mas o que quer que Jesus tivesse em mente, está claro ser difícil conciliar suas intenções com o espírito consumista moderno.

Nossa sociedade nos envolve em uma grande nuvem de sedução. Para onde quer que nos viremos nos deparamos com a afirmação de que a felicidade está do outro lado da esquina, que é uma questão de ter coisas melhores, em maior quantidade ou mais novas. Os pais do capitalismo norte-americano certamente endossaram essa crença. Dizem que, quando perguntaram a John D. Rockefeller o que o faria feliz, ele respondeu: "Mais um dólar."

Nossa economia se baseia nesse desejo sem limites. No triste período posterior ao 11 de Setembro de 2001, quando muitos americanos, atordoados de pesar, pareceram perder seu gosto pelo consumo, o próprio presidente Bush pediu às pessoas para irem às compras. Mas, comumente, não é preciso um pedido especial. Basta ler qualquer revista popular. Cada anúncio é uma janela para um universo paralelo, onde pessoas bonitas e aparentemente felizes nos convidam a partilhar os prazeres que carros caros, roupas novas e cabelos brilhantes podem proporcionar. O canto das sereias dessas vozes é tão onipresente que o ouvimos em nossos sonhos.

Contudo, não são apenas os bens materiais que agarramos e conservamos. Podemos nos apegar a muitas coisas: segurança, auto-imagem, sensação de estar "no controle" e à excessiva convicção de que *estamos certos.* Prezamos a respeitabilidade, o desejo de sermos considerados melhores do que realmente somos. E até mesmo nos apegamos aos nossos sofrimentos. Como é difícil deixar de lado uma ofensa, uma lembrança vergonhosa ou ansiedades em relação ao futuro. O que significa renunciar a tudo isso? Onde começa a felicidade das Bem-aventuranças?

Pode começar com um ato de perdão, uma decisão de apagar a reprodução mental de erros antigos e dívidas não pagas. Pode envolver a aceitação tranqüila de circunstâncias além de nosso controle ou o reconhecimento de que nem tudo deve ser perfeito. Tendo em vista que nos definimos pelo que não temos, a renúncia pode começar com uma expressão de gratidão, um gracioso reconhecimento de tudo o que realmente possuímos e do quanto devemos aos outros. Idealmente, o que resta depois que renunciamos ao apego é uma espécie de pobreza. Dê a isso o nome que quiser: vazio, liberdade, simplicidade; segundo os santos, aí está o caminho da felicidade.

A ILUSÃO DO APEGO

O espírito consumista não é um fenômeno recente. Os padres e as madres do deserto o identificaram como um espírito demoníaco — "um demônio da tristeza", como disse Evagrius Ponticus — "que arma as suas ciladas e produz tristeza justamente quando percebe que estamos particularmente predispostos a ela". Foi em parte para fugir desse demônio que tantos deles foram para o deserto. Sua solução não era simplesmente se despojar do excesso de bens. Eles estavam conscientes de que o mero despojamento exterior era inútil sem uma conversão interior mais profunda. Segundo um monge conhecido como Aba Moses, há aqueles "que renunciaram às riquezas materiais em ouro, prata ou terras e depois se alvoroçam com uma faca, um lápis, um alfinete ou uma caneta: ... Eles se despojaram de todos os seus bens por amor a Cristo; mas continuam com sua velha atitude aquisitiva em relação a pequenas coisas e rapidamente ficam perturbados por causa delas". Ele zombava de São Pedro, o antigo pescador, e suas palavras para Jesus: "Eis que nós deixamos tudo e te seguimos; o que receberemos?" Como observou o Aba Moses: "Está claro que eles não tinham deixado nada além de suas pobres redes partidas."

Ao se despojar de seus bens, os monges do deserto buscavam tirar a ilusão do apego de seus corações. A pobreza não era abraçada por amor a ela. Era apenas outro "instrumento de trabalho" — como tal, um meio de atingir seu objetivo final, a "pureza de coração". Por meio de disciplinas ascéticas como o jejum, a oração e a pobreza, eles tentavam extirpar "todos os espinheiros e todas as ervas daninhas" (como, por exemplo, raiva, luxúria, ganância e inveja) que fechavam seus corações e sufocavam sua capacidade de amar. Alguns levavam isso a extremos. Um monge chamado Serapião vendeu seu *Livro dos Evangelhos* e distribuiu o dinheiro apurado para os pobres, observando: "Eu vendi o livro que me dizia para vender tudo o que tinha e dar aos pobres."

Mas se a prática da pobreza monástica seguia as orientações dos Evangelhos, também refletia certos insights práticos da natureza humana. Entre eles estava o reconhecimento de que, enquanto a nossa felicidade estiver ligada a "mais um dólar", nosso objetivo inevitavelmente passará despercebido. Como observou Santo Antão: "Aqueles que não estão satisfeitos com o que têm para fazer face à vida, mas que buscam mais, tornam-se escravos das paixões que perturbam a alma e introduzem nela pensamentos e fantasias ainda piores — de que tudo é ruim e, por isso, coisas novas e melhores devem ser adquiridas."

O perigo dessa paixão por "coisas novas e melhores" é a moral de várias histórias para crianças. Uma delas é a fábula do pescador tolo e sua mulher que, como recompensa por poupar a vida de um peixe mágico, terão realizado o desejo de seus corações. O que deveriam desejar? Eles começam com melhoras modestas em sua situação: uma casa maior, um belo jardim. Mas seus desejos rapidamente se tornam ambiciosos, assumindo formas cada vez mais extravagantes. A casa cede lugar a uma mansão, e depois a um palácio. Em última análise, nada os satisfaz. Eles procuram alcançar longe demais, a bolha estoura e são levados de volta às suas origens humildes. Podemos inferir que a chave para a felicidade não é ter tudo o que você deseja, mas desejar (ou melhor, sentir satisfação com) o que você tem.

Essa satisfação envolve uma certa renúncia — não tanto às coisas como à ilusão de que a felicidade depende de adquirirmos aquilo de que atualmente não dispomos. Embora muitos dos santos tenham abraçado a verdadeira pobreza, eles fizeram mais do que simplesmente desprezar os bens materiais. Experimentaram um centro de valor diferente — como disse Jesus, juntando tesouros onde nem a traça nem a ferrugem consomem. Tendo feito isso, descobriram que outras coisas — certamente riqueza e bens, mas também falsas ambições, ansiedades e pequenos ressentimentos — tendiam a se tornar menos importantes.

"Olhai para os lírios do campo", disse Jesus, "como eles crescem; não trabalham nem fiam. E eu vos digo que nem mesmo Salomão, com toda a sua glória, se vestiu como qualquer um deles." (Mt 6: 28-29). Os Evangelhos são cheios de exortações parecidas à fé e à total simplicidade. Pode haver um limite para o que podemos aprender com um lírio do campo. Mas não nos faltam outros modelos.

O HOMEM POBRE

Entre todos os santos da história, São Francisco de Assis (1182-1226) tem um status especial. Por ser o santo cuja vida mais traz à mente o exemplo de Cristo, é um dos poucos amplamente venerados além dos limites da Igreja. Mas, sugestivamente, também é aquele cuja alegria era uma marca distintiva de sua santidade. Amansando o lobo feroz de Gubbio, pregando para um bando de pardais ou em seu cântico para *Irmão Sol e Irmã Lua*, os escritos e as histórias de Francisco, que embelezam seu mito, retratam sistematicamente sua disposição alegre, sua celebração da bondade de Deus e seu prazer com a beleza da criação. Contudo, está claro que sua capacidade de se alegrar servindo a Deus estava diretamente relacionada com seu progresso no caminho do desapego. Acima de tudo, Francisco era um mestre na arte da renúncia.

Sua vida começou de outra maneira. Filho de um rico comerciante de tecidos de Assis, Francisco era um dos jovens privilegiados de sua cidade. Atraído pela aventura, pela frivolidade e pelo romance, passava seu tempo entre amigos, divertindo-se e compondo canções. Quando tinha cerca de vinte anos, estourou uma guerra entre Assis e Perúgia, uma cidade-estado vizinha. Francisco pegou ansiosamente suas armas e, sonhando com a glória, partiu para se juntar à luta. Mas a face da guerra — vista de perto — estava longe de ser gloriosa. Depois de sobreviver à carnificina e de ter sido mantido por vários meses como prisioneiro de guerra, voltou para casa, doente e enfraquecido. No lugar de sua antiga alegria, havia apenas um desesperado vazio, uma sensação de que devia existir mais na vida do que o sucesso que seus pais imaginavam para ele. Francisco começou a perambular pelos arrabaldes da cidade, onde pela primeira vez notou os pobres e doentes e a miséria em que viviam. Ele ficou repugnado com o que viu.

Francisco sempre tinha sido um homem de gosto apurado, atento à beleza e aterrorizado pela feiúra. Mas um dia, quando estava cavalgando, encontrou um leproso à beira da estrada. O rosto do pobre homem estava horrivelmente deformado e ele cheirava mal devido à doença. Apesar disso, Francisco desmontou e, ainda suficientemente cuidadoso para permanecer à distância de um braço, ofereceu-lhe algumas moedas. Então, movido por um impulso, curvou-se e beijou as mãos corroídas do leproso. Foi um momento decisivo. Dali em diante, sua vida começou a girar em torno de uma agenda totalmente nova, contrária aos valores de sua família e da sociedade. Ao beijar o leproso, estava não só afastando seu medo da morte e da doença como também renunciando a toda uma identidade baseada em status, segurança e sucesso mundano.

Nas semanas seguintes, ele se tornou cada vez mais generoso em sua caridade, tanto que seu pai o acusou de furtar mercadorias em seu depósito para distribuir aos pobres. Desesperado, fez Francisco ser preso e levado à presença do bispo em praça pública. Francisco se desculpou por ter dado o que não lhe pertencia. Mas foi ainda mais longe. Em outro gesto extravagante, tirou suas ricas vestes e as devolveu para seu atônito pai. Nu diante da multidão, proclamou: "Até agora eu o chamei de pai; de hoje em diante, meu pai é o Pai Nosso que está no céu." O bispo se apressou a cobri-lo com a capa de um jardineiro, mas a transformação estava feita. Francisco tinha se tornado o *Poverello*, o Pobrezinho.

A princípio esse espetáculo só o expôs ao ridículo. Mas, gradualmente, começou a exercer um fascínio subversivo. Um a um, foi seguido por outros jovens de Assis. Renunciando a bens e laços familiares, eles se juntaram a Francisco, logo se tornando o núcleo de uma nova ordem religiosa, a dos Frades Menores. Com o correr do tempo, a partir da chegada de Clara, filha de outra família rica de Assis, foi criado o ramo feminino da mesma ordem.

Francisco e seus companheiros viviam ao ar livre ou em abrigos primitivos. Trabalhavam ao lado dos camponeses em troca de seu pão diário. Quando não havia trabalho, esmolavam ou ficavam com fome. Cuidavam dos doentes, consolavam os aflitos e pregavam o Evangelho para os que quisessem ouvir, uma audiência que incluía, no caso de Francisco, bandos de pássaros e outras criaturas.

Qual era o fascínio de Francisco? Até mesmo seu discípulo, Irmão Masseo, perguntou-lhe, apenas em parte por brincadeira:

"Por que você? Por que todo mundo parece estar correndo atrás de você, querer vê-lo, ouvi-lo e obedecer-lhe? Você não é um homem bonito. Não tem grande erudição ou sabedoria. Não é um nobre. Então por que todo mundo está correndo atrás de você?"

Francisco, com típica humildade, explicou que a glória de Deus brilhava ainda mais em vista da fraqueza de um obviamente tão "miserável servo". Contudo, parte da resposta tinha a ver com sua evidente autenticidade. Aqueles que encontravam Francisco não podiam mais afirmar que os ensinamentos de Cristo eram teoricamente maravilhosos mas impossíveis de ser postos em prática. Até mesmo o mundano Papa Inocêncio III se sentiu compelido a aprovar a nova ordem. Como observou um de seus cardeais: "Este homem só deseja que vivamos segundo o Evangelho. Agora, se lhe dissermos que isso está acima das forças humanas, estaremos declarando a impossibilidade de seguir o Evangelho e blasfemando contra Cristo, seu autor."

Havia mais. O exemplo de Francisco não era apenas edificante como também profundamente arrebatador. Ele transpirava liberdade e alegria. As pessoas *queriam* estar perto dele, descobrir por si mesmas o segredo de sua alegria. Como o descreveu Thomas de Celano, seu primeiro biógrafo: "Oh, como era belo, esplêndido e de aspecto glorioso na inocência de sua vida, na simplicidade das palavras, na pureza do coração, no amor a Deus, na caridade fraternal, na obediência ardorosa, na submissão pacífica, no aspecto angelical!" Aqui estava um homem que evidentemente havia descoberto o caminho para o céu, que outros ansiavam seguir.

Sem dúvida, o compromisso de Francisco com a pobreza foi extremo. A dele não era a simplicidade bem organizada de um mosteiro ou a penúria romântica do boêmio, mas a pobreza precária e vulnerável dos indigentes. Até mesmo observadores solidários questionavam uma posição tão radical. Um dia, o bispo de

Assis disse para São Francisco: "Seu estilo de vida sem posses de qualquer tipo me parece muito austero e difícil." Francisco respondeu: "Senhor, se tivéssemos posses, precisaríamos de armas para defendê-las. Elas são a fonte de disputas e litígios, e geralmente um grande obstáculo ao amor a Deus e ao próximo. É por isso que não desejamos bens temporais."

Francisco virou os valores mundanos de cabeça para baixo. Onde outros viam segurança, ele só via escravidão; o que para outros representava sucesso era para ele uma fonte de disputas, um "obstáculo ao amor a Deus e ao próximo". Além disso, a renúncia de Francisco não se limitou à riqueza ou às posses. Ele também renunciou à sua reputação e ao seu status na sociedade, seu gosto apurado, sua raiva, seu orgulho e suas ambições — em resumo, a tudo que colocava obstáculos à sua capacidade de amar. No fim, ele não ficou sem nada. Em vez disso, o espaço em seu coração, antes ocupado por todas essas coisas, agora estava cheio de mais alegria do que tudo que o mundo podia proporcionar. Sua gratidão era maior do que ele podia expressar em palavras. Dirigindo-se ao seu Criador, escreveu: "Vós sois amor, caridade; Vós sois sabedoria, Vós sois humildade, Vós sois paciência. Vós sois beleza, Vós sois brandura, Vós sois segurança, Vós sois paz interior. Vós sois júbilo, Vós sois nossa esperança e alegria... Ó grande e maravilhoso Senhor, Deus Onipotente, Misericordioso Redentor."

Quase oitocentos anos depois, o exemplo de São Francisco continua a exercer um forte fascínio. Como observou Carlo Carretto, um admirador moderno: "Pelo menos uma vez na vida sonhamos em nos tornar santos... Cambaleando sob o peso das contradições de nossas vidas, por um breve momento, vislumbramos a possibilidade de criar em nós mesmos um lugar de simplicidade e luz... Foi quando São Francisco entrou de algum modo em nossas vidas."

Inspirados por seu exemplo, podemos sonhar em realizar coisas importantes, atos heróicos, acabar com todas as contradições existenciais com um beijo em um leproso. Porém, como escreveu Dorothy Day: "Às vezes, é preciso [apenas] um passo. Gostaríamos de achar que sim. E, contudo, quanto mais velha eu fico, mais vejo que a vida é feita de muitos passos pequenos, não um passo gigantesco. Eu 'beijei um leproso' não uma vez, mas duas vezes — conscientemente —, e não posso dizer que sou muito melhor por isso."

O estilo de Francisco de desprendimento radical pode ser apenas para poucos. Mas seja por meio de passos pequenos ou um passo gigantesco, o valor da renúncia não se resume a ficar de mãos vazias. Em vez disso, o caso é que a alternativa — nos apegarmos a tudo em que podemos pôr as mãos — nos incapacita para qualquer recompensa maior. Até aprendermos a arte da renúncia, o mundo nos apresentará inumeráveis armadilhas e obstáculos à nossa felicidade. O desafio não é renunciar ao mundo como tal, mas renunciar à parte ávida de nós que torna o mundo opaco. Quando isso for feito, como observou Thomas de Kempis em *A imitação de Cristo*, "toda criatura se tornará para ti um espelho de vida e um livro de santas doutrinas, porque nenhuma criatura é tão pequena e vil que não reflita a bondade de Deus".

CORAÇÕES INQUIETOS

A questão permanece: se o apego e os desejos nos tornam ansiosos e mal-humorados, por que nos fixamos neles? Muitos ponderaram sobre essa questão, embora ninguém mais profundamente do que Santo Agostinho de Hipona. Como um dos grandes arquitetos do pensamento cristão, Agostinho deixou sua marca em praticamente todos os aspectos da doutrina. Mas à complexa influência recíproca entre o eu, as coisas desse mundo e a busca da felicidade, ele dedicou algumas de suas reflexões mais tocantes. Agostinho acreditava que a ânsia por felicidade é uma das características mais distintivas do ser humano: "Todos, sejam quais forem as suas condições, desejam ser felizes. Não há quem não o deseje, e cada um o deseja com tanta intensidade que prefere isso a todas as outras coisas; na verdade, quem deseja outras coisas só as deseja para esse fim..."

Segundo Agostinho, tudo que fazemos — mesmo o que é errado ou nocivo — tem como objetivo a felicidade. Como ele disse para Deus: "Criastes-nos para Vós, Senhor, e nosso coração vive inquieto enquanto não repousa em Vós."

Suas reflexões sobre esse tema surgiram de sua própria experiência, uma história recontada em *Confissões*. Em sua obra autobiográfica, Agostinho, o futuro bispo de Hipona, se apresentou como um jovem extraordinariamente promissor, porém, prisioneiro de suas paixões indisciplinadas. Seu brilho e sua ambição o levaram a uma carreira de professor de retórica, primeiro em Cartago e mais tarde em Milão, na época a sede do Império Romano. Na mesma época sua busca pelo significado da vida o levou a explorar os vários movimentos filosóficos e religiosos de seu tempo. Descobriu, no entanto, que nenhum deles podia resolver adequadamente suas questões, menos ainda os mistérios de seu próprio coração.

Agostinho identificou como o principal problema de sua vida a contradição entre seu anseio pela felicidade e uma sensação de inerme escravidão a desejos compulsivos e sentimentos que traziam sofrimento para si próprio e àqueles ao seu redor. Embora ele freqüentemente aludisse aos "espinhos da lascívia", o problema era bem mais profundo do que uma sexualidade indisciplinada.

Em um episódio famoso, descrito com certa minuciosidade, Agostinho analisou seu papel no roubo, junto com um grupo de rapazes, das pêras da árvore de um vizinho, uma travessura inspirada não pela fome ou necessidade, mas por pura maldade. Essa é uma história que decididamente nos faz lembrar da desobediência de Adão e Eva no Jardim do Éden. Para Agostinho, isso teve a mesma função, a de expressão paradigmática do pecado humano. Ele lhe deu o nome de concupiscência, um desejo ávido que aprisiona a nossa vontade.

Os sinais dessa concupiscência eram visíveis para Agostinho em toda a sua vida, no egoísmo de sua infância e posterior furto na despensa de seus pais, nas primeiras manifestações de lascívia adolescente e na sua busca desesperada por um "objeto para o meu amor". Essas experiências não foram agradáveis; só trouxeram "sofrimento, confusão e erro".

Agostinho foi em grande parte responsável por definir a doutrina do pecado original, uma idéia de maior sutileza do que se costuma supor. Ele entendia a expressão desse pecado como uma desordem das afeições — não é que amemos demais, mas amamos *desordenadamente*; não amamos as coisas de acordo com seu verdadeiro valor. Segundo Agostinho, essa é a condição básica da humanidade degradada. Não é apenas a "lascívia" que nos tira do bom caminho. Imaginando-nos o centro de nosso próprio universo, somos enganados até mesmo em nossos desejos por coisas boas — amor, beleza, verdade. Nosso egoísmo transforma a fome em gula, o amor em luxúria, a atração em avara possessividade.

Esses insights surgiram de sua própria dolorosa jornada. Depois de anos de busca, e das preces chorosas de sua mãe, Mônica, ele havia chegado ao ponto de aceitar as afirmações do cristianismo. Concluiu que o relato bíblico da criação e decadência tinha relação com a sua própria experiência, explicando não só sua constante infelicidade e a ansiedade que estragava seus prazeres como também sua crescente percepção de uma verdade e beleza abaixo da superfície deste mundo. Contudo, continuava a hesitar, sua vontade ainda presa, mesmo que por um fio. "Dai-me castidade e continência", rezou, "mas não agora".

A tensão de Agostinho atingiu um ponto crítico quando, certo dia, ele caminhava em um jardim. Em *Confissões*, apresentou esse episódio como um chamado à rendição, uma espécie de renúncia. Era o *apego* que o prendia — não a pessoas ou coisas, mas a seus próprios pecados: "Eu estava preso a puras insignificâncias, as mais desprezíveis frivolidades, todos os meus velhos apegos. Eles puxavam minhas vestes carnais e sussurravam, 'Vais nos abandonar? De agora em diante nunca mais estaremos contigo de novo.'"

Enquanto ele enfrentava esse conflito, ouviu o que parecia ser a voz de uma criança, dizendo: "Toma e lê." Havia uma Bíblia em sua mão. Abrindo-a ao acaso, Agostinho viu o texto de Romanos: "Andeis honestamente, como de dia; não em glutonarias, nem em bebedeiras, nem em desonestidades, nem em dissoluções, nem em contendas e inveja. Mas revesti-vos do Senhor Jesus Cristo e não tenhais cuidado da carne em suas concupiscências." Ao chegar ao fim dessa frase, subitamente parecia como se "a luz da confiança invadisse meu coração e dissipasse toda a escuridão da dúvida".

A descoberta de Agostinho não impôs uma renúncia a bens, pessoas ou até mesmo "ao mundo". Foi ao seu antigo eu, à voracidade de seu ego, que ele teve de renunciar. Somente assim pôde ver e amar as coisas belas deste mundo — não simplesmente como objetos para possuir, controlar ou consumir, mas por seu verdadeiro valor. Amando a Deus acima de tudo, livrou-se do tumulto de suas afeições *desordenadas*. O mundo não era mais uma armadilha. Em vez disso, toda a criação ecoava seu hino de louvor e graças: "Felicidade é rejubilar-se em Vós, por Vós e por causa de Vós. Essa é a verdadeira felicidade e não existe nenhuma outra."

UMA TROCA DE DÁDIVAS

Nós não precisamos ir para o deserto para resistir ao fascínio da cultura de consumo. Tampouco precisamos nos despir como São Francisco para encontrar um pouco de sua liberdade. Mas para entender a felicidade dos santos, devemos aprender a passar calma e gradualmente de uma autoconsciência baseada no que temos ou não temos para uma compreensão de quem realmente somos. Nesse processo, o desafio da renúncia tem mais a ver com os nossos apegos materiais, ou até mesmo nossos defeitos e pecados evidentes. O mundo é cheio de pessoas infelizes, que carregam o fardo de remorsos, lembranças de ofensas passadas e todas as tristezas e injustiças de suas vidas. Com o correr do tempo, podemos ficar tão acostumados com esse fardo que não conseguimos imaginar como seria nos livrarmos dele. E então, como o "jovem rico" no Evangelho, nos retiramos, tristes, preferindo até mesmo falsos tesouros a uma alternativa desconhecida.

Os santos escolheram outro caminho: renunciar, seguir de mãos vazias.

Entre eles estava Catarina de Gênova, uma bela nobre italiana do século XV. Seu único desejo, desde a infância, era entrar para uma ordem religiosa. Mas seus pais tinham idéias diferentes. Quando ela tinha 15 anos, eles arranjaram seu casamento com o filho de uma família rival. Evidentemente, a união visava reconciliar as duas antigas famílias feudais, um caso de Romeu e Julieta ao contrário. Infelizmente, nesse fato, os casamenteiros deram pouca importância à incompatibilidade entre Catarina e seu marido. Enquanto ela era modesta e religiosa, o marido, nas palavras de seu biógrafo, "tinha um estilo de vida totalmente oposto". Em face da compulsão pelo jogo e das flagrantes infidelidades do marido, Catarina mergulhou em um estado de depressão durante os cinco primeiros anos do casamento.

Durante outros cinco anos, tentou pôr fim à sua infelicidade entregando-se às frívolas diversões da alta sociedade. Isso, porém, só a deixou mais triste e vazia. Finalmente, com 25 anos, pediu desesperadamente em oração um pouco de alívio ao seu tormento existencial, chegando a rezar para que uma doença a deixasse acamada.

Em vez disso, um dia, em 1473, ajoelhada para a confissão, Catarina subitamente se encheu de remorso pela mediocridade de sua vida e, ao mesmo tempo, de uma fé profunda na bondade e misericórdia de Deus. "Basta de mundo", ouviram-na dizer. "Basta de pecados." Ela resolveu deixar de lado todos os ressentimentos que constrangiam seu espírito. Desse momento em diante, segundo dizem todos, começou uma vida nova.

A primeira atitude de Catarina foi trabalhar no hospital local, um comportamento bastante incomum para uma mulher de sua posição social. Começou banhando os pacientes e limpando seus urinóis. Nenhuma tarefa a repugnava. Mas o milagre aconteceu quando, aperfeiçoando-se na prática do amor e vivendo não mais apenas para si mesma, ela também aumentou a sua capacidade de ser feliz.

Mais ou menos nessa época, o estilo esbanjador do marido finalmente levou o casal à falência. Eles deixaram sua grande casa para morar em uma cabana simples, mais ao gosto de Catarina. Finalmente, em parte pelo exemplo dela, o marido mudou de vida, chegando a se tornar um franciscano leigo. Instalaram-se em um apartamento no hospital onde, após muitos anos de trabalho, Catarina assumiu o posto de diretora.

Catarina continuou a ser uma mulher leiga durante toda a sua vida, até mesmo depois da morte do marido. Ainda assim, teve um grande círculo de seguidores espirituais, atraídos não só pela oportunidade de trabalhar com ela como também pela chance de se beneficiar de sua sabedoria. Em seus últimos anos, escreveu vários tratados espirituais e, freqüentemente, experimentou êxtases místicos; dizem que conversava com os anjos. Contudo, sua profunda espiritualidade era combinada com uma escrupulosa atenção aos detalhes práticos, e uma constante disponibilidade para as necessidades alheias.

A história de Santa Catarina se equipara às vidas de muitos outros santos. Eles nos mostram que a renúncia — seja às nossas coisas, ao nosso passado, à nossa tristeza ou ao que quer que nos apeguemos — não é simplesmente uma desistência de algo. É mais como uma troca. Nossa identidade ou condição de vida é trocada por outra, voltada para outro objetivo, animada por um espírito diferente. Renúncia não é uma forma de austeridade mesquinha, o equivalente espiritual a uma dieta severa. Pelo contrário, é uma questão de abrir mais a mão. E a pobreza espiritual não se traduz em um padrão de vida arbitrário. Em última análise, refere-se a onde está o nosso tesouro. E onde estiver, como observou Jesus, nossos corações também estarão.

CAPÍTULO 3

Aprender a trabalhar

Não pode haver alegria em viver sem alegria no trabalho.

— Santo Thomás de Aquino

EM SUAS CAVERNAS NO DESERTO, longe de patrões ou capatazes, os antigos monges dedicavam grande parte de seus dias ao trabalho manual — jardinagem, confecção de cestas ou tecelagem. Assim, supriam suas necessidades materiais, observando a veemente injunção de São Paulo: "Que se alguém não quiser trabalhar, não coma também." (2 Ts. 3:10). Longe de considerar tal trabalho uma distração de seu objetivo espiritual, eles o viam como uma bênção, uma espécie de terapia ocupacional para afastar o tédio e a tristeza.

As lendas dos padres do deserto deixam claro que esse trabalho tinha um valor em si, bem distinto da utilidade ou recompensa maior. Há uma história típica sobre um certo Aba Paul que, como seus companheiros eremitas, passava grande parte de seu tempo tecendo cestas de folhas de palmeira. Quando elas enchiam totalmente a sua caverna, ele as queimava e começava tudo de novo.

Essa história bem poderia ilustrar a definição de insensatez. Mas, para seu primeiro historiógrafo, tinha um significado diferente. Dessa forma, Aba Paul "provou que, sem o trabalho manual, um monge não consegue permanecer em seu lugar, ou se aproximar do grau máximo da santidade".

Grande parte de nosso próprio trabalho — à luz da eternidade — reflete uma insensatez parecida. Varremos o chão que estará novamente empoeirado amanhã. Escrevemos livros que se esgotarão e se transformarão em algo sem valor no chão de outra pessoa. Contudo, o trabalho é uma parte inevitável da condição humana. Não é simplesmente o modo como ocupamos uma parte significativa de nosso dia; é mais do que apenas uma forma de pagarmos as nossas contas. Em certo sentido, também representa nosso lugar distintivamente humano no universo. Por meio do trabalho, participamos do desdobramento da criação; comparando materiais e resolvendo problemas, também formamos o nosso próprio caráter.

Seja a sós ou em público, o trabalho feito de todo o coração é uma dádiva que só pode ser oferecida livremente. Talvez empregue principalmente nossos corpos ou nossas mentes, mas sempre pode empregar nossas almas. Por esse motivo, é difícil imaginar como uma receita crível para a felicidade poderia ignorar a importância do trabalho.

Entretanto, freqüentemente os "anúncios" populares de felicidade fazem exatamente isso. Com nossas horas de trabalho cuidadosamente definidas, somos instados a reservar a idéia da felicidade para as férias ou os "momentos de lazer". O trabalho é apenas uma necessidade onerosa, um meio de "ganhar a vida", enquanto a felicidade vem com o fim da pobreza, uma vida de golfe, festas e cruzeiros. Mas os prazeres da ociosidade, como uma dieta constante de bolo e sorvete, enjoam. Há uma felicidade mais profunda em uma tarefa, um projeto, um trabalho que engaja nossos corações e dá objetivo e sentido às nossas vidas. No estado de espírito certo, como mostraram os santos, é possível encontrar esse sentido, ou a felicidade, em praticamente todas as tarefas.

TRABALHO E SANTIDADE

Leon Tolstoi explorou esse tema em um dos "contos morais" de seus últimos anos. Em *A Talk Among Leisured People*, descreve um grupo de convidados em uma casa de campo cuja conversa, certa noite, toma um rumo sério: "Eles falaram sobre pessoas presentes e ausentes, mas não conseguiram encontrar nenhuma que estivesse satisfeita com a própria vida. Não só nenhuma pôde dizer que era feliz, como ninguém achava que estava vivendo como um cristão deveria viver. Todos admitiram levar vidas mundanas, estar preocupados apenas consigo mesmos e suas famílias, não pensar no próximo e muito menos em Deus."

Nesse conto, Tolstoi narrou suas próprias lutas, particularmente a tensão que sentia, entre o peso da expectativa social e seus próprios anseios espirituais. Na meia-idade, o celebrado autor de *Guerra e paz* e *Ana Karenina* havia chegado a um ponto de desespero quase suicida. Depois de uma vida de privilégios e comodidade, garantida por sua criação aristocrática e seu sucesso literário, viu-se em um impasse. Qual era a o objetivo daquilo tudo?

Suas reflexões o levaram a concluir que a busca da felicidade é inseparável do chamado à santidade, do esforço para viver segundo os preceitos de Deus, resumidos, como acreditava, no Sermão da Montanha. Mas, para Tolstoi, o modelo dessa santidade podia ser encontrado em uma igreja ou em um mosteiro tanto quanto na vida comum dos trabalhadores pobres. Ele teve esse insight comparando os membros de sua própria classe privilegiada com os camponeses em sua propriedade. Apesar de suas privações, concluiu ele, essas pessoas simples conseguiam acordar de manhã, trabalhar o dia inteiro e se retirar ao anoitecer com uma confiança básica na bondade da vida. Sem dúvida esse conceito de vida camponesa era um tanto romantizado. Mas o conhecimento de Tolstoi das "pessoas ociosas" provinha de sua experiência pessoal. Imitando os camponeses e sua vida de simplicidade, fé e trabalho, ele esperava encontrar a felicidade que lhe escapara.

Em *A Talk Among Leisured People*, um dos convidados para o jantar articula essa mesma resolução. É um jovem idealista que pergunta a seus companheiros por que todos se queixam de suas vidas infelizes. Por que simplesmente não vivem como Deus ensina? Ele próprio começará a fazer isso imediatamente: "Eu renunciarei aos meus bens e irei para o campo viver entre os pobres", declara. "Trabalharei com eles, aprenderei a trabalhar com as minhas próprias mãos e, se minha instrução lhes for útil, eu a partilharei com eles, não por meio de instituições e livros, mas diretamente vivendo ao seu lado de um modo fraternal."

Esse era um ideal do próprio Tolstoi. Entregando para a sua família os royalties de seus importantes romances, foi levar uma vida simples em sua propriedade, Yasnaya Polyana. Chegou a trabalhar ao lado dos camponeses. O maior erro da "classe ociosa", proclamou, era a idéia de que "felicidade consiste em falta de ocupação". Devemos voltar a admitir "que o trabalho, e não a falta de ocupação, é uma condição indispensável para a felicidade de todos os seres humanos".

Mas isso não foi assim tão simples. Tolstoi nunca conseguiu abraçar totalmente o ideal que pregava. Estava sempre se indispondo com sua família. Trabalhava nos campos quando queria, depois ia para casa dormir em lençóis de seda. Sua busca da felicidade foi marcada pela ambivalência e consciência dividida que o acompanharam até sua morte, aos 82 anos, na estação ferroviária de Astapovo, o vilarejo para onde fugiu de seu lar e de sua família. As mesmas tensões foram prefiguradas em sua história quando a resolução do jovem idealista convidado para o jantar só provoca protestos e escárnio. Um a um, o resto dos convidados tenta mostrar a insensatez e irresponsabilidade do caminho que ele pretendia seguir. Finalmente um deles, até então calado, observou sobre a ironia da situação: "Todos dizem que seria bom viver como Deus pede mas... parece que nenhum de nós consegue viver corretamente; só conseguimos falar sobre isso."

Viver corretamente... Muitos concordariam que essa é a base da felicidade. Mas o que é a vida correta? No sentido que Tolstoi imaginava, é mais do que se submeter a um código moral externo. É manter o rumo, uma condição para a qual nossa felicidade e a busca da santidade convergem. Essa condição é possível se o código moral do universo realmente estiver de algum modo gravado em nossas almas. Esse tipo de vida desafia a sabedoria comum do mundo — pelo menos a produzida por fantasias de ganhar na loteria ("Ganhe um milhão de dólares, deixe seu emprego, durma até o meio-dia!"). Segundo Tolstoi, isso descreve um devaneio da vida diária, embora sob a égide de amor e solidariedade, em vez de egoísmo e competição. É importante que o próprio Tolstoi nunca tenha atingido o equilíbrio que recomendava? Para a sua visão da relação certa entre trabalho, felicidade e santidade, ele certamente encontraria grande apoio nas vidas dos santos.

TRABALHO E ORAÇÃO

Não era para os santos descobrirem a necessidade do trabalho. Afinal de contas, no livro de Gênesis, Deus confronta Adão com o fruto de sua desobediência: "No suor do teu rosto comerás o teu pão, até que te tornes à terra." Baseados nisso, alguns cristãos vêem o trabalho como uma maldição, uma prova de nossa natureza decadente. Mas, para a maioria dos santos, o desafio tem sido conciliar necessidade e felicidade, encontrar um modo de fazer com que o trabalho diário seja abençoado e leve a uma vida santa. Como disse Mestre Eckhart, um místico alemão do século XIV: "Para ser correta, uma pessoa deve fazer uma de duas coisas: aprender a trabalhar com Deus e se apegar a Ele ou desistir totalmente de seu trabalho. Contudo, como não podemos viver sem atividades que são tanto humanas como variadas, devemos aprender a obedecer a Deus em tudo que fazemos."

"Obedecer a Deus em tudo", encontrar um equilíbrio entre o trabalho e a oração — essas eram características essenciais da vida monástica que remontam à Regra de São Bento, a base da tradição monástica ocidental. São Bento, um abade italiano que morreu em 550, disse em sua regra que cada dia deve ser cuidadosamente dividido entre oração, estudo e tarefas, fossem elas copiar manuscritos, cuidar da cozinha ou trabalhar nos campos. Nenhuma dessas tarefas era menos ou mais importante do que a outra. Segundo Bento, o monge não deveria se sentir vexado quando tivesse de trabalhar nos campos, "porque são verdadeiros monges aqueles que vivem do trabalho das próprias mãos, assim como fizeram nossos pais e apóstolos".

A atitude de São Bento poderia ser resumida em um simples lema, *ora e labora* ("ora e trabalha"), um lembrete de que orar e trabalhar são dimensões complementares de uma vida plena e santa. Mas Bento fez mais do que prescrever um equilíbrio entre trabalho e oração. O objetivo da vida monástica é um estado em que não existe uma divisão artificial entre o domínio sagrado da oração e a atividade "mundana" do trabalho. A própria oração é uma forma de trabalho — *opus dei* ("obra de Deus") — enquanto o ideal seria o trabalho manual se tornar uma forma de oração.

Como isso é possível? Como o trabalho pode se tornar uma forma de oração? A conexão não é clara se pensarmos na oração como algo que fazemos de joelhos, preferivelmente com os olhos fechados e as mãos cruzadas diante de nós. Contudo, em seu sentido básico, orar é estar na presença de Deus. Portanto, para o trabalho assumir uma qualidade piedosa, deve haver um espírito de trabalho, de fazer todas as coisas que também engajam nossos corações e nos colocam na presença de Deus.

Talvez seja mais fácil imaginar que podemos fazer isso lavando pratos ou regando o jardim, tarefas que exigem pouca concentração mental, mas como nos conscientizamos da presença de Deus enquanto digitamos em um computador ou operamos máquinas pesadas? Segundo a perspectiva monástica, cada tarefa tem sua própria virtude. Quando trabalhamos com atenção adequada e respeito por essa virtude, nosso trabalho assume uma qualidade piedosa, e só podemos dizer que Deus está presente nele. Em contraste, uma tarefa realizada sem atenção, sem respeito pela virtude do trabalho, não tem a qualidade da oração.

Esse tema foi desenvolvido em um dos clássicos da espiritualidade cristã, *A prática da presença de Deus*, um livro compilado de cartas e conversas com um irmão leigo carmelita francês do século XVII. Esse homem, conhecido como Irmão Lawrence da Ressurreição, entrou para um mosteiro em Paris na meia-idade, depois de dispensado de um longo serviço no exército. Devido à sua origem camponesa e falta de instrução formal, foi designado para trabalhar na cozinha. Lá passou quarenta anos entre potes e panelas até morrer, aos oitenta anos. Em sua vida, não realizou grandes feitos. Contudo, com a publicação póstuma de seus escritos, foi reconhecido como um dos maiores mestres espirituais de seu tempo.

O título do livro resume bem a essência da espiritualidade do Irmão Lawrence. Seu método espiritual era simplesmente manter o tempo todo uma consciência da presença de Deus. Ele acreditava que por meio dessa consciência todas as nossas atividades seriam santificadas; poderíamos nos ver em um estado de contínua oração ou "conversa com Deus". Isso era basicamente uma questão de admitir que Deus está *aqui, agora,* no trabalho a fazer. "O tempo do trabalho", escreveu, "não é diferente para mim do tempo da oração; e no barulho e tumulto de minha cozinha, enquanto várias pessoas ao mesmo tempo pedem coisas diferentes, tenho a Deus em grande tranqüilidade, como se estivesse ajoelhado no Santíssimo Sacramento".

Segundo Irmão Lawrence, não há uma distinção especial entre disciplinas espirituais tradicionais — recitar o Ofício Divino ou o louvor na igreja — e as tarefas diárias de que ele, por exemplo, especialmente se ocupava: lavar panelas e picar vegetais. Em outras palavras, a santidade do trabalho não depende da natureza do trabalho, mas de nossa própria disposição interior. "Nossa santificação", escreveu, "não depende de *mudarmos* as nossas tarefas, mas de fazermos por amor a Deus o que costumamos fazer por amor a nós mesmos", porque Deus, como ele gostava de observar, "não considera a grandeza do trabalho mas o amor com que ele é realizado".

O ensinamento do Irmão Lawrence nos ajuda a estabelecer a conexão entre nossa imagem do "trabalho santo", como o realizado por monges e freiras, e o trabalho "mundano" das pessoas —

seja arrumar prateleiras na Wal-Mart, despachar a correspondência no escritório ou pintar faixas amarelas na estrada. Na verdade, as pessoas santas não desconheciam o trabalho "comum". Eram professores, enfermeiras e lavadores de panela como o Irmão Lawrence. Aravam os campos, consertavam igrejas com as próprias mãos e equilibravam suas contas. Por eles — mesmo levando-se em conta que a maioria dos santos canonizados eram clérigos ou membros de ordens religiosas — praticamente todos os tipos de trabalho foram representados. Como diz um cântico de louvor popular: "*One was a doctor and one was a queen, and one was a shepherdess on the green...*"[1]

No que diz respeito a isso, um era advogado (Thomas More), um cabeleireiro (Pierre Toussaint), um peregrino (Bento José Labre) e pelo menos um (como vimos) passou sua vida sobre colunas no deserto. Tudo isso confirma a observação de Mestre Eckhart: "O tipo de trabalho que fazemos não nos torna santos, mas podemos torná-lo santo."

Afinal, não há um "trabalho santo". Mas, ao mesmo tempo, não há um trabalho — desde que não seja prejudicial ou desonesto — que não possa ser "santificado", ser um caminho para Deus e a felicidade. De fato, é possível ver toda forma de trabalho como uma oportunidade de servir e fazer caridade, orar ou produzir algo belo, vital e verdadeiro.

Freqüentemente esse trabalho passa despercebido. Mas ocasionalmente encontramos pessoas — uma recepcionista, um funcionário de cabine de pedágio ou caixa de supermercado — que cumprem seus deveres com tal cortesia e amor que imbuem seu ambiente de trabalho de uma atmosfera de santidade. Sobre esses

---

[1] "Um era médico e uma era rainha, e uma era uma pastora no prado..." (tradução livre). (*N. da T.*)

santos comuns, o cântico citado anteriormente diz de modo fascinante (e pitoresco): *"You can meet them in school or in lanes, or at sea / in church, or in trains or in shops, or at tea."*[2]

Sobre a questão do trabalho e da santidade, Gerard Manley Hopkins, o poeta jesuíta do século XIX, escreveu: "Quando um homem está na graça de Deus e livre de pecado mortal, tudo o que faz, desde que sem pecado, glorifica a Deus... Não é só a oração que glorifica a Deus, como também o trabalho. Malhar em uma bigorna, serrar uma viga, caiar uma parede, montar a cavalo, varrer, limpar, tudo glorifica a Deus se, em Sua graça, você o faz como seu dever... Erguer as mãos em oração glorifica a Deus, mas um homem com uma espalhadeira de esterco na mão e uma mulher com um balde de água suja O glorificam também. Ele é tão grande que tudo O glorifica se você assim o desejar."

Os shakers, uma seita americana misteriosa que floresceu nos Estados Unidos no século XIX, levaram uma atitude de oração parecida para todo o seu trabalho. Seu legado é preservado em celeiros, caixas e móveis de beleza simples. Como observou Thomas Merton sobre esses produtos: "A graça peculiar de uma cadeira shaker é ser feita por alguém capaz de acreditar que um anjo poderia vir se sentar nela."

Faz uma grande diferença o modo como talhamos uma cadeira, arrumamos uma mesa ou servimos uma xícara de café se suspeitamos que poderíamos estar (nas palavras de São Paulo) "sem saber, recebendo os anjos". O mesmo vale para qualquer tarefa. Reza a lenda que São Cristóvão era um homem forte que ganhava a vida carregando nas costas viajantes através de um rio. Certa noite, ao carregar uma criança, ela se tornou tão pesada que ele

[2]"Você pode encontrá-los na escola ou em becos, ou no mar / na igreja, em trens ou lojas, ou no chá. (*N. da T.*)

mal pôde continuar. "Não se espante!", disse a criança. "Você está carregando o mundo inteiro. Eu sou Jesus Cristo, o rei que procura!" Como veríamos de modo diferente nossas tarefas comuns — entediantes e pesadas como podem parecer — se acreditássemos estar a serviço do rei que procuramos.

Certamente, em sua busca da santidade, muitos santos realmente desistiram de algum tipo de trabalho, porque era errado (como no caso de São Martinho de Tours, que servia no exército romano) ou moralmente comprometido (a exemplo de São Thomas More, chanceler da Inglaterra) ou porque, como São Pedro, foram chamados a trabalhar em uma área mais ampla ("Não temas, de agora em diante serás pescador de homens."). Mas, como demonstraram os santos, o chamado à santidade não é um chamado a um determinado trabalho, muito menos a desistir do trabalho em geral. Em vez disso, é um chamado a descobrir de que forma, em nosso trabalho, nossa condição de vida, podemos encontrar um modo de louvar a Deus e, assim, realizarmos nossa vocação, nosso verdadeiro caminho da felicidade.

UM CHAMADO

A origem de "vocação" vem da palavra latina para convocação ou chamado. Na linguagem diária, a palavra foi suficientemente secularizada para com freqüência ser apenas outro termo para nosso trabalho ou o que "fazemos". Por outro lado, na linguagem religiosa, tem sido tradicionalmente identificada com um chamado particular: ao sacerdócio ou à vida monástica. Nesse contexto, falar sobre vocação significa que alguém decidiu se tornar padre, monge ou freira.

Mas as vidas dos santos mostram que o significado de "vocação" é, ao mesmo tempo, mais amplo e mais restrito do que isso. Mais amplo porque o chamado, segundo São Paulo, é em última análise à nossa própria santidade, e não o atendemos apenas fazendo os votos religiosos formais. Mais restrito, no sentido em que vocação é uma questão pessoal, de um indivíduo em particular, é o modo pelo qual cada um de nós é chamado a participar da vida de Deus.

Gerard Manley Hopkins cunhou a palavra *selving* para descrever o processo de realizar e manifestar a vocação única e particular. Nas palavras de seu poema *As kingsfishers catch fire*:

> *Each mortal thing does one thing and the same:*
> *Deals out that being indoors each one dwells,*
> *Selves — goes itself;* myself *it speaks and spells,*
> *Crying* What I do is me: for that I came.[3]

Para um martim-pescador ou uma árvore, esse *selving* é mais ou menos instintivo. Como disse Thomas Merton: "Uma árvore glorifica a Deus sendo uma árvore, porque ser o que Deus quer que seja é obedecer-Lhe. 'Aceita', por assim dizer, Seu amor criativo. Expressa uma idéia que está em Deus e não se distingue de Sua essência, e, portanto, imita Deus sendo uma árvore." Mas e quanto aos seres humanos? Merton continua: "Para mim, ser santo significa ser eu mesmo. Por isso, o problema da santidade e salvação é, na verdade, o de descobrir quem eu sou e meu verdadeiro eu."

---

[3]*Quando os martins-pescadores pegam fogo*

Todo ser mortal faz sempre a mesma coisa:
Projeta o eu interior que cada um traz em si,
Distingue-se, vai por si; diz e se chama *eu mesmo,*
Proclama: *eu sou o que faço: para isso vim.* (tradução livre) (N. da T.)

Por esse motivo, é impossível identificar totalmente "vocação" com um trabalho ou estilo de vida, como se descobrir uma vocação fosse como ficar bem com roupas pré-ajustadas. A luta dos santos objetivava descobrir um caminho da santidade além das opções disponíveis em seu tempo: para Santo Antão, no deserto; para São Bento, em um mosteiro; para São Francisco e Santa Clara, na pobreza radical. Todos eles abriram um caminho para ser seguido por outros. Mas sua descoberta surgiu de uma rejeição anterior às alternativas disponíveis. Algo os compeliu a procurar um caminho diferente.

Charles de Foucauld (1858-1916), que começou sua vida como um oficial da cavalaria francesa decadente, mais tarde encontrou seu próprio caminho vivendo como eremita na Argélia. Ele tentou imitar a "vida oculta" de Jesus, aquela parte maior da existência de Cristo em que ele trabalhou tranqüilamente como um carpinteiro em sua cidade natal de Nazaré. Como observou Foucauld: "Deus chama todas as almas que criou a amá-lo com todo o seu ser, agora e depois, o que significa que chama todas as almas à santidade, à perfeição, a segui-lo de perto e respeitar a sua vontade. Mas ele não pede a todas as almas que demonstrem seu amor por meio do mesmo trabalho, que subam ao céu pela mesma escada, que alcancem a bondade do mesmo modo. Que tipo de trabalho, então, *eu* devo fazer? Qual é o *meu* caminho para o céu? Em que tipo de vida *eu* devo *me santificar*?"

A pergunta de Foucauld é crucial. Em que tipo de trabalho, ou lugar na vida, posso encontrar meu *verdadeiro eu*, a pessoa que devo ser? Como escreveu Merton: "Se nós encontrarmos esse lugar seremos felizes, caso contrário, nunca poderemos sê-lo totalmente."

O modelo bíblico de vocação é sugerido por aqueles encontros importantes entre Deus e figuras como Noé, Abraão, Jacó ou Samuel, heróis da fé que ouviram chamar seus nomes e responderam simplesmente: "Eis-me aqui." Na Bíblia, essa resposta recorrente invariavelmente anuncia um momento crítico, não equivale apenas a gritar "presente" durante uma chamada. Representa o encontro em que toda a identidade e percepção de objetivo se fundem em uma resposta a um desafio transcendente.

Mas como esse desafio se apresenta para nós hoje? Como se apresentou para Moisés, no meio de um arbusto em chamas? Ou para São Francisco, como uma voz que lhe falou de um crucifixo em uma capela em ruínas, "restaura a minha igreja"? Como se apresentou para muitos outros santos, ao ouvirem uma passagem bíblica que pareceu escolhê-los e puxá-los pelos ombros?

As vidas dos santos parecem depender desses momentos decisivos. Mas o que distinguiu os santos não foi o fato de terem recebido *um chamado* de Deus, geralmente por intermédio das necessidades de um estranho ou do desafio moral do momento presente. Eles foram distinguidos pelo seu reconhecimento do chamado como sendo *de Deus* e, portanto, um chamado que exigia uma resposta completa.

Naturalmente, é mais fácil reconhecer esse chamado — quando chega o momento — se ele assume a forma de uma resposta a uma pergunta anterior.

CORPO E ALMA

Para Dorothy Day, a questão tomou forma na infância. Nascida no Brooklyn, em 1897, era filha de um comentarista esportivo itinerante. Embora em sua casa o nome de Deus nunca fosse mencionado, desde cedo se sentiu atraída pelas vidas dos santos. Lembrou-se de ter sido inspirada pelas histórias de sua caridade para com os doentes, aleijados e leprosos. "Mas havia outra questão em minha mente", escreveu. "Por que se fazia tanto para remediar o mal em vez de evitá-lo?... Onde os santos deveriam tentar mudar a ordem social, não apenas prestar auxílio aos escravos, mas acabar com a escravidão?" Com o correr do tempo, essas perguntas a fizeram se afastar da religião e depositar suas esperanças nos políticos progressistas da época. Seus amigos eram comunistas, socialistas e anarquistas com quem trabalhou em vários periódicos esquerdistas e organizações, como a Liga Antiimperialista.

Apesar da empolgação desse engajamento na "história", a vida pregressa de Day também foi marcada por solidão e uma espécie de confusão moral e espiritual. Segundo ela mesma, sempre houve uma ânsia por transcendência que a diferenciava de seus companheiros. Mais tarde, um deles observou que Dorothy era "religiosa demais" para ser uma boa comunista. Como ela própria disse posteriormente, em palavras emprestadas de um personagem de Dostoievski, "durante toda a minha vida Deus me assombrou".

Essa ânsia por transcendência acabou por levá-la à Igreja Católica. Apesar de sua experiência de tristeza e desapontamento, no fim, sua conversão não foi inspirada pela tristeza, mas por uma experiência de "felicidade natural" — a da gravidez e do nascimento de sua filha. Ela sentiu tanta alegria e gratidão, como relembrou, que só poderiam ser dirigidas a Deus. Contudo, a conversão foi um passo enorme, além da compreensão de seus amigos ou da tolerância de seu marido consensual (como ela o chamava). Agnóstico e anarquista, ele desprezava o catolicismo e a avisou de que o seguimento da religião poria um fim ao relacionamento deles. "Chegou ao ponto", escreveu Dorothy, "em que era uma simples questão de eu escolher Deus ou homem".

Para aumentar essa angústia, sua decisão de se tornar católica também parecia envolver uma traição à classe operária. Por outro lado, ela acreditava que a Igreja Católica era a Igreja dos pobres, das massas, dos imigrantes. Como dizia seu pai desdenhosamente: "Era a Igreja dos policiais irlandeses e das lavadeiras." Mas para seus amigos radicais — e também para ela — com freqüência parecia ser mais amiga dos ricos, uma defensora do status quo.

Dorothy estava confusa sobre como conciliar sua fé nascente com seu compromisso com a justiça social. Depois de seu batismo, em 1927, passou cinco anos solitários em uma espécie de ermo, sustentando a si mesma e a filha, Tamar, com sua renda incerta como escritora freelancer, rezando para encontrar um modo de viver que "conciliasse corpo e alma, este mundo e o que há de vir".

A resposta não veio em uma voz do céu, mas na forma de um homem desgrenhado com forte sotaque francês, com os bolsos cheios de panfletos e ensaios que conheceu um dia, em 1932. Foi durante a Depressão, quando ela tinha acabado de voltar de Washington, onde fora cobrir uma marcha de desempregados organizada por comunistas. A viagem representara uma crise em sua busca. Em sua angústia, Dorothy tinha ido ao Santuário Nacional da Imaculada Conceição e rezado para que "de algum modo se abrisse um caminho para eu usar meus talentos em prol de meus colegas operários, dos pobres".

Logo após sua volta para Nova York, Peter Maurin apareceu à sua porta. Era um francês de origens camponesas, de 55 anos, que passara os vinte anos anteriores perambulando pelo país, sustentando-se com trabalho manual e formando uma visão única do Evangelho em ação. Um amigo de ambos falara em Dorothy e ele decidiu, mesmo antes de encontrá-la, que seria ela quem poria sua visão em prática.

Mal esperando por uma apresentação, Maurin começou a expor suas idéias. Imaginara um movimento — iniciado por Day e ele próprio — para implementar a mensagem social radical do Evangelho. Disse que eles não só *denunciariam* as injustiças, como *anunciariam* uma nova ordem social, baseada em uma "filosofia de trabalho" e no reconhecimento de Cristo nos pobres. Não esperariam que a Igreja ou o Estado sancionassem esse programa. Começariam a viver naquele momento de acordo com sua visão do futuro, trabalhando para criar uma sociedade na qual "seria mais fácil para as pessoas serem boas".

Demorou um pouco, mais do que um encontro, para Dorothy Day começar a entender que aquele homem estranho era a resposta às suas preces. Mas a partir daquele encontro, e no movimento resultante, ela descobriu o trabalho que realizou pelo resto de sua vida, quase cinqüenta anos. O jornal *Catholic Worker* foi distribuído pela primeira vez na Union Square em 1° de maio de 1933, dia de São José, o Trabalhador. Tornou-se o porta-voz de um movimento centrado em "casas de hospitalidade" em todo o país. Nessas comunidades do Catholic Worker, o "trabalho de caridade" tradicional — alimentar os famintos, vestir os nus, abrigar os sem-teto — era combinado com o trabalho pela paz e justiça social.

Assim, Day encontrou uma resposta para a pergunta de sua infância: "Onde os santos deveriam tentar mudar a ordem social?" Essa era uma pergunta a ser respondida por sua própria vida. Servindo a Cristo nos pobres e, ao mesmo tempo, lutando contra as injustiças e tentando humildemente criar uma alternativa pacífica, descobriu o sentido de sua vocação. Ao criar um novo modelo de santidade, encontrou seu próprio caminho da felicidade.

IR MAIS FUNDO

Os sinais de uma vocação geralmente estão ocultos em nossos dons e talentos, nos anseios interiores de nosso coração, na percepção do que nos faz sentir mais plenamente vivos. Quando perguntavam a Flannery O'Connor por que escrevia contos, ela costumava responder: "Porque sou boa nisso." Mas a percepção de uma vocação é apenas o começo. Resta o desafio, ao longo da vida, de ir mais fundo, ajustar o rumo quando necessário. De fato, muitos santos descobriram o que Madre Teresa de Calcutá, a santa mais famosa de nosso tempo, descreveu como um "chamado dentro do chamado".

À época de sua morte, em 1997, o cuidado de Madre Teresa com os indigentes e moribundos de Calcutá havia tornado essa pequena freira em seus trajes indianos um ícone vivo de amor e compaixão. A fama de seus últimos anos tendeu a eclipsar os muitos anos de sua vida, até a idade de 36 anos, que ela passou como uma obscura Irmã de Loreto da Albânia, ensinando geografia nas escolas de sua ordem na Índia. Durante todos esses anos, embora ela fosse uma freira dedicada e amada por seus alunos, nada indicava que acabaria por se tornar uma das grandes testemunhas cristãs de sua época.

O momento decisivo surgiu um dia, em 1946, quando viajava de trem para Darjeeling, no Himalaia. Naquele dia, subitamente teve a convicção de que Deus desejava algo mais dela: "Desejava que eu estivesse entre os mais pobres dos pobres e o amasse em seu penoso disfarce do mais pobre deles." Por isso, com a permissão de sua congregação, deixou o convento. Em lugar de seu hábito religioso tradicional vestiu um simples sári branco e foi "buscar Jesus" nas terríveis ruas de Calcutá. Com nada além de cinco rúpias para começar, abriu um lar para moribundos abandonados por suas famílias nas ruas. Finalmente, juntaram-se a ela outras jovens, algumas ex-alunas. Tornaram-se uma ordem internacional, as Missionárias da Caridade, e Madre Teresa, um nome conhecido.

Há outra palavra — "conversão" — que descreve esse processo de ir mais fundo. Tipicamente, reservamos esse termo para o afastamento do pecado. Mas, muitas vezes, nas histórias dos santos, converter-se é realmente uma questão de descobrir a verdadeira vocação. Quando isso ocorre, a conversão equivale a uma mudança de uma anomia apática para um sentimento de alegre resolução. Quando antes a vida tinha o peso da mediocridade, agora é iluminada por uma chama brilhante. Embora talvez os santos já estivessem consagrados pelos votos religiosos, subitamente, com a descoberta de uma vocação particular, suas vidas e seu trabalho assumiram uma nova forma, uma vitalidade e energia antes ausentes. É esse sentido da vocação, a descoberta de "*meu* caminho para o céu", que transforma um trabalho antes entediante, oneroso, ou até mesmo repulsivo, em um caminho de felicidade. Um jornalista ocidental, observando Madre Teresa cuidar de um leproso, não pôde evitar dizer: "Eu não faria isso nem por um milhão de dólares." Ao que Madre Teresa respondeu: "Eu também não."

A BUSCA DE SENTIDO

Victor Frankl, um psiquiatra judeu sobrevivente do Holocausto, escreveu um estudo impressionante baseado em suas experiências em um campo de concentração. Em *Em busca de sentido*, descreveu as origens de uma abordagem da terapia baseada no que chamou de necessidade de sentido. Esse sentido pode ser encontrado em uma tarefa, um valor ou um compromisso, mas sem ele o espírito humano definha. Sobre os sobreviventes dos campos de concentração, escreveu: "Precisávamos parar de falar sobre o sentido da vida e, em vez disso, pensar em nós mesmos como aqueles que estavam sendo questionados pela vida — diariamente e a cada hora. Nossa resposta deve consistir não em conversa e meditação, mas em ação e conduta certas. Em última análise, viver significa assumir a responsabilidade de encontrar a resposta exata para os problemas da vida e cumprir as tarefas que ela estabelece constantemente para cada indivíduo."

O problema do sentido pode assumir uma urgência especial nas condições extremas de um campo de concentração. Contudo, todos nós acabamos tendo de enfrentar a necessidade de cumprir as tarefas e os desafios da vida. Aqueles que permanecem desengajados nessas tarefas se tornam, como os entediados e infelizes convidados para o jantar na história de Tolstoi, prisioneiros da própria conversa. Em comparação, aqueles que aceitam o desafio podem descobrir um tipo de felicidade que perdura — mesmo em situações horríveis.

Em 2 de dezembro de 1980, uma jovem irmã de Maryknoll chamada Ita Ford e outras três missionárias norte-americanas foram raptadas e mortas por forças de segurança em El Salvador. Durante nove meses, Ford fizera parte de uma equipe de missionárias que trabalhavam entre os refugiados e foram apanhadas na esteira da guerra civil e de um reinado de terror patrocinado pelo governo. Em El Salvador, quem tomava o partido dos pobres podia esperar, como disse o arcebispo Oscar Romero, encontrar o mesmo destino deles: "desaparecer, ser torturado, preso e encontrado morto." Ita Ford e suas colegas sabiam disso. Mas antes, naquele verão, ela escreveu para sua sobrinha, Jennifer, uma aluna do curso secundário no Brooklyn, por ocasião de seu 16º aniversário:

> Este é um momento terrível em El Salvador para os jovens. Muitos dos idealistas e engajados estão desaparecendo. Os motivos pelos quais tantas pessoas estão sendo mortas são bastante complicados, mas há alguns padrões claros e simples. Um deles é que as pessoas descobriram um sentido na vida, no sacrifício, na luta e até mesmo na morte. E se a vida durar 16, sessenta ou noventa anos, para elas teve um objetivo. De várias maneiras, são pessoas afortunadas.
>
> O Brooklyn não enfrenta o drama de El Salvador, mas algumas coisas são verdadeiras onde quer que estejamos e independentemente de nossa idade. O que eu estou dizendo é que espero que você descubra o que dá um sentido mais profundo à sua vida, algo que a energize, entusiasme, permita-lhe continuar seguindo em frente.

Quem não deseja descobrir o que dá sentido à vida, nos entusiasma e nos permite continuar seguindo em frente? Para Tolstoi e o jovem idealista em sua história, a chave para a felicidade é simples na teoria mas esquiva na prática. É uma questão de desprendimento, trabalho e solidariedade, tudo com um espírito de amor. Isso se compara em simplicidade à receita de santidade de Mestre Eckhart: "Realizar a próxima atividade que você tem a fazer de todo o coração, e encontrar prazer nisso."

O que os santos nos ensinam sobre o trabalho? Por um lado, falam-nos sobre a importância de encontrarmos o nosso próprio caminho na vida. Seja eminente ou obscuro, o que importa é que tem de ser o *nosso próprio* caminho. Por outro lado, há a disciplina mais modesta de encontrar a santidade oculta em cada trabalho ou tarefa que realizamos. Nas palavras de Teilhard de Chardin, o jesuíta, místico e cientista: "Deus, naquilo que possui de mais vivo e encarnado, não está distante de nós ou das coisas que vemos, tocamos, ouvimos, cheiramos e saboreamos. Ele nos espera a cada instante na ação, no trabalho do momento. Está, de certo modo, na ponta de minha caneta ou pá, de meu pincel ou minha agulha. Realizando o trabalho em que eu estou engajado até o seu fim natural, alcançarei o objetivo mais profundo que almejo.

É aqui que o trabalho entra nas instruções dos santos para a felicidade. Viver e trabalhar com esse espírito é aspirar ser, como Ita Ford, uma daquelas pessoas afortunadas que acharam seu caminho, que sabiam o que procurar e, por isso, encontraram forças para responder quando finalmente ouviram chamar seus nomes: "Eis-me aqui."

CAPÍTULO 4

Aprender a aquietar-se

Aquietai-vos, e sabei que eu sou Deus.

— Salmo 46

Não podemos encontrar Deus no ruído e na agitação. A natureza, as árvores, as flores e a relva crescem em silêncio. As estrelas, a lua e o sol se movem em silêncio.

— Madre Teresa de Calcutá

O REINO DISTANTE DO BUTÃO se situa no silêncio das montanhas do Himalaia. Alguns anos atrás, seu rei fez um curioso pronunciamento que atraiu muita atenção. Ele declarou que a política nacional de seu pequeno país budista não visava aumentar o Produto Nacional Bruto, mas aumentar o que chamava de Felicidade Nacional Bruta (FNB). Independentemente do que isso significava para seus súditos, teve o efeito de atrair um grande fluxo de turistas e jornalistas estrangeiros, todos ansiosos por descobrir por si mesmos os segredos do reino da felicidade.

Muitos desses visitantes voltaram com relatos de um povo que, apesar de materialmente pobre, mostra um evidente contentamento com a vida. Embora os butaneses não contem com muitos dos "benefícios" da tecnologia moderna, eles não empobreceram. De fato, de acordo com certos critérios, gozam de uma invejável prosperidade. Por exemplo, eles têm o tempo em suas mãos, algo dificilmente computado pelos economistas mas, aparentemente, um fator importante para se estimar a FNB.

Se esses habitantes do Butão fossem magicamente transportados para o centro de Manhattan, é difícil dizer o que observariam com maior interesse. Não há Starbucks, muito menos arranha-céus, no Butão. Mas talvez nada exemplifique tão bem o caráter de nossa cultura como a visão de pessoas andando por ruas apinhadas conversando por celulares.

Por outro lado, esse fenômeno está de acordo com o princípio de que "tempo é dinheiro". Nenhum momento deve ser "desperdiçado". É melhor fazermos duas ou três coisas simultaneamente. Podemos falar pelo telefone enquanto dirigimos um carro ou estamos em um trem. Graças a telefones celulares, serviços de mensagem instantânea, pagers e chamada em espera, podemos ser constantemente interrompidos, seja no meio de outra conversa, ouvindo um concerto, sentados na igreja ou até mesmo quando dormimos. As empresas de telefonia anunciam que agora "estamos todos conectados".

Por outro lado, toda essa "conexão" reflete um terrível desejo de estar em outro lugar, qualquer um, exceto o momento atual.

Nós não temos tempo. Contudo, isso nos assusta. Reclamamos das pressões de horários apertados. Mas, muitas vezes, o que realmente nos falta é tempo para fazermos ainda mais coisas. A perspectiva de longos períodos de ócio ininterrupto, solidão ou quietude pode ser horrível. Se todos os nossos compromissos e programas fossem cancelados, o que faríamos? Ligaríamos a televisão, pegaríamos um jornal ou o telefone, ou planejaríamos uma excursão que nos deixaria mais exaustos do que estávamos antes.

É claro que existe um verdadeiro espírito de lazer, assim como um verdadeiro espírito de trabalho. Mas há algo mais acontecendo quando aquilo que realmente nos move é a necessidade de evitar a quietude. Muitas receitas de felicidade não fazem mais do que alimentar o desejo por diversão. Esse tipo de "felicidade" não passa de uma máscara para esconder nossa verdadeira condição?

Os santos realizaram várias grandes obras, dirigindo escolas e hospitais, governando reinos ou simplesmente refreando as próprias paixões. Mas sua ação tinha um quê de quietude. É verdade que passavam considerável parte de seu tempo em oração e contemplação. Mas no silêncio e na quietude encontraram uma paz que inspirou todas as suas outras obras e atividades.

Os lugares quietos estão se tornando cada vez mais raros. Mas não basta escaparmos do tumulto do mundo. Ainda há a questão do tumulto interior. Mesmo quando o exterior está quieto, vozes e alarmes interiores nos lembram do que precisa ser feito, do que realizamos de modo insatisfatório e do que nos fizeram no passado. Essas vozes sempre tiram nossa atenção do tempo e lugar — aqui e agora — em que de fato estamos. Convencem-nos de que só seremos felizes no futuro se conseguirmos cumprir o próximo prazo, ganhar a credencial adequada, obter o emprego perfeito ou acertar contas antigas. Contudo, se vivemos constantemente no passado ou nos preparando para viver no futuro, como podemos ter certeza de que estamos realmente vivos?

DISTRAÇÕES

Nosso mundo oferece amplas oportunidades de distração e entretenimento. Mas a ânsia por diversão não é um fenômeno recente. Foi tema de uma análise profunda por parte do filósofo e cientista francês Blaise Pascal, que viveu em Paris no século XVII. Segundo Pascal, "Às vezes, quando eu penso nas várias atividades dos homens, nos perigos e problemas que eles enfrentam na corte, ou na guerra, que produzem tantas disputas e paixões... Costumo dizer que a única causa da infelicidade dos homens é eles não saberem ficar quietos em seus quartos".

Pascal conhecia bem a sociedade parisiense e suas diversões preferidas: bailes à fantasia, a última moda, jogos, fofocas e caçadas. Da sua experiência pessoal aprendera os limites desses passatempos mundanos. "Não é que eles realmente tragam felicidade, nem que se imagine que o verdadeiro contentamento esteja no dinheiro ganho no jogo ou na lebre caçada: ninguém desejaria isso se fosse oferecido. O que desejamos não é a vida fácil e tranqüila que nos permite pensar em nossa infeliz condição, nos perigos da guerra e nas responsabilidades do trabalho, mas a agitação que não nos deixa pensar nisso e nos diverte. É por esse motivo que preferimos a caçada à captura."

Em outras palavras, essas atividades nos atraem não porque trazem felicidade, mas porque nos distraem de nossa infelicidade. Por isso, aproveitamos a oportunidade de "encaçapar uma bola de bilhar" ou ver um cão perseguindo um javali. Parece que é disso que precisamos para evitar a infelicidade — pelo menos momentaneamente. Segundo Pascal, o acesso à diversão é o principal atrativo da riqueza e do poder. Afinal de contas, um rei tem um grande séqüito "cuja única intenção é diverti-lo e fazê-lo parar de pensar em si mesmo". Mas "deixe um rei sozinho, sem nada para satisfazer seus sentidos ou ocupar sua mente, sem ter quem lhe faça companhia e sem nenhuma diversão, com tempo disponível para pensar em si mesmo, e verá que um rei sem diversão é um homem miserável". O que se aplica a um rei também se aplica à maioria das pessoas. Não admira que Pascal tivesse exclamado: "Como é vazio e sórdido o coração do homem!"

Contudo, ele era tudo menos um amargo misantropo. Era um homem de ilimitada curiosidade a respeito da natureza da realidade, particularmente a revelada pelos princípios da matemática. Como uma criança prodígio, publicou estudos sobre geometria. Antes dos vinte anos, tinha inventado a máquina de calcular. Depois estabeleceu a base para os cálculos, realizou uma pesquisa original sobre cones, provou a existência de vácuos, determinou o peso do ar e projetou o primeiro sistema de transporte público em Paris. Pelo último desses feitos, hoje a cidade de Paris o honra como patrono do metrô.

Mas, em um certo ponto, a concepção de Pascal da realidade foi bastante ampliada. Ele marcou exatamente a data e o tempo — 23 de novembro de 1654, "perto das dez e meia da noite até meia-noite e meia" — em que teve um encontro místico profundo com "o Deus de Jesus Cristo". Ele registrou suas impressões em uma folha de pergaminho costurada no forro de seu casaco e mantida com ele até sua morte, oito anos depois, com 39 anos. Em fragmentos, como a maioria de seus escritos mais eloqüentes, seu testamento incluiu estas palavras: "Certeza, certeza. Alegria sincera, paz. Deus de Jesus Cristo... Alegria, alegria, alegria, lágrimas de alegria."

Pascal não falou sobre essa experiência. Mas desse momento em diante dedicou o mesmo talento que havia concentrado nos cones e cálculos ao problema da fé. Em particular, começou a escrever uma ambiciosa defesa do cristianismo dirigida aos céticos cultos de seu tempo. A obra nunca foi acabada; o manuscrito existe apenas em um estado incompleto, em pedaços de papel amarrados com cordões. Contudo, ironicamente, é por essa obra, *Pensamentos*, publicada após sua morte, em 1662, que Pascal é mais lembrado.

Em vez de começar sua defesa do cristianismo — à maneira dos "apologéticos" tradicionais — com o testemunho da Bíblia, a autoridade da Igreja ou a eficiência e regularidade da criação, o plano de Pascal era iniciar com o testemunho da experiência pessoal e os mistérios do coração humano. Toda a sua obra é estruturada em torno da dialética da "miséria" e "felicidade". Ele resumiu seu plano: "Primeira parte: miséria do homem sem Deus Segunda parte: felicidade do homem com Deus."

A miséria do homem sem Deus? Os agnósticos refinados entre o público-alvo de Pascal — os tipos de pessoas que cultivavam superficialmente a ciência e o último modismo intelectual, se informavam sobre livros e se divertiam com tênis e jogos, exercícios e passatempos — não se incluiriam espontaneamente entre os miseráveis da terra. Mas esse foi o ponto de partida para o argumento de Pascal. Poderia ser resumido nesta caracterização lapidária da condição humana: "Tédio, inconstância, ansiedade." Baseado nisso, Pascal falou sobre a ânsia humana por diversão:

> Nós nunca nos detemos no presente. Lembramos do passado; antecipamos o futuro que custa a chegar, como para apressá-lo, ou lembramos do passado como para impedir sua fuga rápida... O presente em geral nos fere... Examine cada um de seus pensamentos, e verá que estão todos no passado ou no futuro. Quase não pensamos no presente, e se pensamos é só para ver a luz que projeta no futuro. O presente nunca é o nosso fim. O passado e o presente são meios, somente o futuro é o fim. Assim, nunca vivemos, mas esperamos viver, e como estamos sempre planejando ser felizes, é inevitável que nunca o sejamos.

Como Santo Agostinho, que o precedeu, Pascal achava que os seres humanos estavam divididos entre um desejo de felicidade e uma confusão inata a respeito de onde encontrá-la. O principal sintoma de nossa miséria é simplesmente nossa incapacidade de nos aquietar, de existir no momento presente. Em vez disso, sempre buscamos distração em uma coisa ou outra. "Se o homem fosse feliz", escreveu, "quanto menos se distraísse mais feliz seria, como os santos e Deus."

É fácil se identificar com o lamento de Pascal. Hoje, os meios de diversão são simplesmente mais numerosos, são também mais sofisticados do que na França do século XVII. Não é preciso ser um rei para comandar uma grande variedade de distrações, todas disponíveis ao aperto de um botão. Computadores, Internet, CDs, DVDs, sistemas de entretenimento domésticos, PlayStations que cabem na palma da mão são onipresentes, oferecendo uma defesa eficaz contra a perspectiva de solidão e silêncio. Mas o que é tão assustador no silêncio? Por que é tão difícil ficarmos quietos nos nossos quartos?

Talvez o silêncio não nos preocupe tanto quanto a idéia de ficarmos na companhia de nós mesmos. A capacidade de se sentar sozinho no próprio quarto sem enlouquecer envolve o cultivo de uma vida interior. Certamente, isso não é o mesmo que uma "vida intelectual", uma capacidade de aprender pensamentos. É mais uma questão de repousar na essência do próprio ser, o que os padres do deserto chamavam de coração, ou alma. Em comparação, em uma cultura comercial em que há muito o que fazer, tudo nos encoraja a evitar a vida interior, viver superficialmente, satisfazer rapidamente nossas ânsias com o consumo, a distração, a última sensação dos tablóides ou a próxima grande emoção.

O resultado é "*inconstância, tédio, ansiedade*", segundo Pascal. Enquanto a vida humana se resumir a isso, é inútil falar em felicidade. Porém, no sistema de Pascal, a miséria não teve a última palavra. Ele dizia que a pobreza dos seres humanos é a infelicidade de um rei destronado, uma pessoa no exílio, para quem a lembrança da verdadeira felicidade permanece como uma impressão ou um desenho em branco. Repetindo Santo Agostinho, escreveu: "Somente Deus é o verdadeiro bem do homem, e desde que o homem o abandonou é estranho que nada na natureza tenha sido encontrado para tomar o seu lugar: astros, céu, terra, elementos, plantas, couves, alhos... porque, ao perder o seu verdadeiro bem, o homem é capaz de vê-lo em tudo, até em sua própria destruição."

Mas existe uma saída. Para Pascal, a atração do cristianismo estava em primeiro lugar em seu poder de explicar o dilema humano — aquela combinação de grandeza e miséria sugerida nas histórias cristãs da criação e decadência — e, em segundo, na credibilidade de sua solução. Ele acreditava que em Cristo, que se revela tanto na profundidade de nossa desordem como na profundidade do amor de Deus, podemos encontrar o caminho de volta para a nossa verdadeira natureza, o nosso verdadeiro lar. O universo deixa de ser um quarto frio e indiferente para o qual tentamos desesperadamente fugir. Fiando-nos nesse mistério, podemos nos sentar em nossos quartos sem medo, sabendo que nunca estamos totalmente sós, aprendendo com os santos o que poderia ser a verdadeira felicidade.

O MELHOR MODO DE VIVER SOZINHO

É interessante imaginar o que Pascal teria achado do budismo, uma religião que tornou a quietude uma ciência. Na época de Pascal, era axiomático que a verdade da própria religião sugerisse a falsidade de todas as outras. Porém, em tempos mais recentes, muitos cristãos obtiveram insights de práticas religiosas orientais, como o zen-budismo, sem ver nisso contradições da própria fé. A característica distintiva da prática zen é a quietude, embora muito disciplinada. Nela, prestando atenção à própria respiração, os zen-budistas buscam um estado de consciência do que significa estar plenamente vivo no momento presente.

Um antigo sutra budista, *Conhecimento do melhor modo de viver sozinho*, descreve um encontro entre Buda e um monge chamado Thera, que gostava de viver sozinho. Depois de ouvir de Thera uma descrição de sua vida, Buda o instruiu sobre "o melhor modo de viver sozinho": "É o modo de observação profunda para ver que o passado não mais existe e o futuro ainda não chegou, e viver à vontade no presente, livre de desejo. Quando uma pessoa vive assim, não tem hesitação em seu coração. Renuncia a todas as ansiedades e tristezas, e corta os grilhões que a impedem de ser livre."

A implicação desse sutra é que não existe mérito ou valor particular em simplesmente estar longe dos outros, especialmente se permanecemos perturbados por pensamentos e desejos conflitantes. Se for para trazer felicidade, o ato físico de se aquietar deve ser acompanhado de uma quietude ou calma interior correspondente.

Os antigos monges do deserto trataram desse mesmo tema. Houve aqueles que foram para o deserto em busca de paz e quietude somente para ser desafiados por uma série de "demônios" — toda a raiva, impaciência e inveja que os seguiram em seu afastamento do mundo. Muito antes dos encontros recentes com a religião oriental, esses místicos cristãos criaram sua própria versão do "melhor modo de viver sozinho". Os padres do deserto desenvolveram uma prática de oração consciente concentrada na repetição de uma frase santa ou até mesmo do nome de Jesus. Essa prática se tornou a base do que ficou conhecido como hesicasmo, do grego *hesychia*, a palavra para "quietude" ou "repouso". Nesse caso, "quietude" se refere a uma disciplina espiritual de oração interior e repouso em Deus.

Os hesicastas levaram a sério a exortação de São Paulo a "orar sem cessar" — palavras literalmente traduzidas como "vir a repousar". Repetindo sem cessar o nome de Jesus ou a Oração de Jesus ("Senhor Jesus Cristo, Filho do Deus Vivo, tende piedade de mim, um pecador."), às vezes, em coordenação como ritmo de sua respiração, os monges entravam em um estado de extrema concentração na realidade espiritual. Gostavam de dizer que nesse estado o Espírito Santo rezava por intermédio deles. Segundo São Gregório Palamas (c. 1359), um monge grego do Monte Athos e um dos mais famosos proponentes desse método, o cristão podia, pela sua oração, se agarrar à natureza divina, como a uma corda pendurada em um rochedo, livrando-se, assim, dos apegos mundanos e se aproximando de Deus.

Os textos centrais da literatura hesicasta foram compilados ao longo dos séculos em um volume intitulado *The Philokalia* (do grego, "amor pela beleza"). Segundo seus editores modernos, o objetivo de *The Philokalia* era "mostrar o modo de despertar e desenvolver a atenção e a consciência, atingir o estado de alerta que é a marca da santidade". Publicado pela primeira vez em grego, por volta de 1700, no início do século seguinte, surgiu uma edição eslava em Moscou. Inspirou um dos clássicos da espiritualidade russa, *O caminho de um peregrino*.

Esse livro mais recente, publicado em Moscou, em 1884, reconta a experiência de um peregrino anônimo de origens camponesas que, em meados do século XIX, realizou uma jornada fantástica a pé através de toda a Rússia e Sibéria. Ele foi apresentado à *The Philokalia* por um monge santo com quem havia buscado uma explicação das palavras de São Paulo sobre a oração incessante. O monge o instruiu a repetir a Oração de Jesus três mil vezes por dia. No início, isso exigiu um esforço considerável. Mas, após semanas, o peregrino a repetia seis mil vezes por dia e, depois, vinte mil vezes por dia. Logo, ele escreveu: "Toda a minha vontade se concentrou em uma única coisa — recitar a Oração de Jesus. Quando eu fazia isso me enchia de alegria e alívio. Era como se meus lábios e minha língua pronunciassem as palavras totalmente por si mesmos, sem qualquer exigência de minha parte. Eu passava o dia inteiro em um estado de grande contentamento... vivia como se em outro mundo."

A oração se tornou sua companheira constante enquanto ele cumpria sua rotina diária e seguia seu caminho solitário. Finalmente, teve a impressão de que a oração passara de seus lábios para seu coração. Nesse ponto, descobriu que não tinha mais necessidade de repetir as palavras; agora elas coincidiam com o ritmo de sua respiração e dos batimentos de seu coração.

Apesar da pobreza e das dificuldades de sua vida, o peregrino descobriu que por meio de sua incessante "oração do coração" podia ver o mundo à luz da transfiguração. Não só se sentia a pessoa mais feliz na Terra "como todo o mundo exterior também parecia cheio de graça e encanto. Tudo me levava a amar e agradecer a Deus; pessoas, plantas, animais. Via a todos como meus familiares, encontrando neles a magia do Nome de Deus".

Os hesicastas bizantinos no Monte Athos foram desprezados por seus críticos como "obcecados por si mesmos". Julgando-se de fora, é mais fácil ver como uma disciplina espiritual concentrada na própria respiração e nos batimentos do próprio coração podia parecer a mais pura forma de obsessão por si mesma. Esse parece ter sido o caso de Franny Glass, a aluna precoce em *Franny and Zooey*, de J. D. Salinger. Depois de ler *O caminho do peregrino*, ela encontra refúgio do mundo e da confusão de sua vida trancando-se no banheiro e repetindo a Oração de Jesus. Seu irmão Zooey a traz de volta à razão criticando-a por usar tal prática espiritual como um modo de fugir dos problemas da vida — particularmente da obrigação de ver Jesus em outras pessoas (inclusive na hipotética "mulher gorda" ouvindo seu rádio).

Contudo, no caso do peregrino, a conquista da paz interior — pela repetição da Oração de Jesus — não envolveu um afastamento do mundo e de suas atividades. Em vez disso, o mundo pareceu de algum modo transparente. O que lhe acontecia — fosse bom ou ruim — falava-lhe de Deus. Todos os rostos refletiam para ele o rosto de Cristo. O resultado foi uma grande felicidade, que ansiosamente partilhava com todos que encontrava.

O MOMENTO PRESENTE

Em seu comentário a respeito do sutra do *Conhecimento do melhor modo de viver sozinho*, o mestre zen vietnamita Thich Nhat Hanh observa a relação entre felicidade e estar plenamente vivo no momento presente.

> Retornar ao presente é estar em contato com a vida. A vida só pode ser encontrada no momento presente, porque "o passado não existe mais" e "o futuro ainda não chegou". O estado de Buda, a liberação, o despertar, a alegria e a felicidade só podem ser encontrados no momento presente. Nosso encontro com a vida é no momento presente. O lugar de nosso encontro é bem aqui, neste próprio lugar.

Muitas pessoas supõem que essa ênfase budista no momento presente contrasta com a esperança cristã de vida eterna. Alguns, como o existencialista francês Albert Camus, chegaram a criticar o cristianismo baseado nisso, afirmando que uma preocupação com a "vida após a morte" diminui nossa capacidade de engajamento ético no presente. Sem dúvida, em sua busca da felicidade, muitos cristãos fizeram jus a essa crítica. Mas não todos. Entre os grandes santos e mestres espirituais houve aqueles que usaram uma abordagem diferente. Eles acreditavam que a esperança na vida eterna, longe de tornar o presente irrelevante, dava a cada momento uma importância decisiva.

Um deles foi o jesuíta francês do século XVIII Jean-Pierre de Caussade. Sua reputação se apóia totalmente em um livro publicado um século após a sua morte, em 1751, *Abandonment to Divine Providence.* Em reflexões que lembram *A prática da presença de Deus*, do Irmão Lawrence, Caussade descreveu em linhas gerais o caminho da santidade que está no desempenho de nossas tarefas e obrigações diárias. Segundo Caussade, cada momento nos é dado por Deus e por isso nos mostra a vontade de Deus. Assim, quando "aceitamos o que não podemos evitar e suportamos com amor e resignação as coisas que nos causam tédio e desgosto", estamos seguindo o caminho da santificação.

As palavras "o momento presente" são centrais na obra de Caussade. Ele afirmou que é até mesmo legítimo falar no "sacramento do momento presente". Assim como Cristo, na Eucaristia, é visível aos olhos dos fiéis sob a forma de pão, deve ser evidente para o fiel cristão que a vontade de Deus realmente está presente, embora oculta, no que poderia ser considerado insignificante e comum.

Por um lado, a espiritualidade de Caussade diz respeito a trabalho e outras atividades. Mas, por outro, convida-nos à quietude e consciência. Caussade insistiu em que imaginássemos cada momento de nossas vidas como um véu sob o qual a vontade de Deus espera para ser descoberta. Viver nessa consciência é despertar para as profundezas sagradas de nossa existência. A aceitação do que Deus nos dá no momento presente — "o grão de mostarda quase pequeno demais para ser reconhecido ou colhido, o tesouro que ninguém encontra, como se fosse considerado muito escondido para ser procurado. Mas qual é o segredo para encontrar esse tesouro? Não existe um. Ele está em toda parte. É-nos oferecido o tempo todo onde quer que estejamos".

A vida inevitavelmente nos apresenta situações tediosas: ficar preso no trânsito, na fila do Detran, devolver livros à biblioteca. Mas nós não precisamos achar que essas situações nos interrompem ou distraem de nossa prática espiritual. A vontade de Deus está tão presente nesses momentos como nos instantes de conforto e alegria, talvez nos convidando a ter mais paciência, humildade e compaixão.

Para Caussade, seja qual for a situação ou reação apropriada, o caminho da santidade está na atenção e obediência à vontade de Deus. Mas, segundo ele, esse também é o caminho da felicidade. Tentando viver nesse espírito, apesar de toda a aparente confusão e desordem de nossas vidas, "vemos toda a beleza e perfeição da sabedoria divina. A fé transforma a terra em paraíso. Por meio dela nossos corações se engrandecem com a alegria de nossa proximidade do céu. Cada momento revela Deus para nós". Para Caussade, viver assim é exatamente o significado da fé. A fé "afasta o véu para que possamos ver a verdade duradoura". Se nós não vivermos a essa luz, "não encontraremos a felicidade e nem a santidade, não importa quais sejam as nossas práticas religiosas...".

ESTABILIDADE

A tradição monástica ocidental tem sua própria abordagem da quietude — não tanto no sentido literal de imobilidade como no mais figurado de se radicar. Nos votos monásticos de pobreza, castidade e obediência, São Bento criou o voto de estabilidade, o compromisso, em princípio, de permanecer no mosteiro original. Bento desprezava o que chamava de "monges giróvagos", sempre vagando de mosteiro para mosteiro e nunca estáveis, "escravos da sedução de sua própria vontade e gula". Segundo Bento, na ausência desse compromisso sempre há a tentação, quando as coisas se tornam difíceis ou entediantes, de buscar lugares mais congeniais.

É claro que a aversão ao compromisso não é uma qualidade apenas dos monges giróvagos; por exemplo, há pessoas que adiam indefinidamente o compromisso do casamento. Elas temem que esse passo exclua outras opções: e se eu me casar hoje só para descobrir, amanhã ou no ano que vem, alguém "melhor" para mim? Há quem entre nesses relacionamentos mantendo mentalmente "as outras opções". Essa atitude torna mais fácil, nos momentos críticos, exercer a cláusula de escape. Afinal de contas, nós simplesmente nos casamos com "a pessoa errada". De igual modo, na ausência do voto de estabilidade, podemos facilmente pôr a culpa das inevitáveis agruras da vida monástica nas falhas de nosso abade ou na estupidez de nossos colegas monges e, por isso, pensar em partir para um lugar mais congenial e adequado às nossas "necessidades".

A imperfeição da natureza humana significa que não há um "parceiro perfeito" ou uma "comunidade perfeita". Sem dúvida, há situações erradas, assim como relacionamentos doentios e destrutivos. Mas se, em nossa ansiedade, acreditarmos que há opções melhores em algum lugar, nunca seremos realmente felizes. Tampouco alcançaremos nossa plenitude como seres humanos se vivermos sem nunca tocar o chão ou criar raízes. Enquanto estivermos sempre voltados para a felicidade que nos espera do outro lado do arco-íris, não veremos a felicidade perto de nós. Como observou Pascal, como sempre estamos sonhando com a felicidade no futuro, nunca somos felizes no presente, no momento em que realmente vivemos.

Os padres do deserto tinham um nome para esse tipo de inquietude depressiva. Eles a chamavam de acedia. Poderíamos chamá-la de incapacidade de se aquietar. Em uma descrição clássica dessa condição, o monge Evagrius Ponticus escreveu:

> O demônio da *acedia* — também chamado de demônio do meio-dia — é o que causa os problemas mais sérios... Em primeiro lugar, faz parecer que o sol mal se move, ou não se move, e que o dia tem cinqüenta horas. Então impele o monge a olhar constantemente para fora da janela, sair da cela, observar atentamente o sol para determinar o quão longe está da nona hora, olhar nesta e naquela direção para ver se um dos irmãos sai de sua cela. Depois instila no coração do monge raiva do lugar, da própria vida, do trabalho manual... Pinta a vida como se estendendo por um longo período de tempo, põe diante do olho da mente as dificuldades da luta ascética e não mede esforços para induzir o monge a deixar a sua cela e desistir da luta.

Como observou outro padre do deserto: "Quando a acedia persegue a mente infeliz, gera aversão ao lugar, tédio na própria cela, escárnio e desprezo pelos irmãos... Nós elogiamos mosteiros distantes, descrevendo-os como mais úteis para o nosso progresso, melhores para a saúde de nossas almas."

Os diários de Thomas Merton deixam claro que esse "demônio do meio-dia" rondou até mesmo o monge mais famoso do século XX. Sua autobiografia, *A montanha dos sete patamares,* e seus primeiros escritos monásticos descreveram um sentimento de confusão sobre o regresso ao lar. No mosteiro trapista de Gethsemani, ele havia encontrado o que chamou de "centro da América", seu próprio caminho da felicidade. Mas seus diários posteriores contaram uma história diferente: irritação com as atividades banais do mosteiro; conflitos com o abade; frustração com um sistema religioso que parecia determinado a reprimir seu desejo de uma vida de oração solitária.

Com crescente intensidade, ele foi perseguido pela idéia de entrar para uma ordem "mais pura", a cartuxa ou a camaldulense. Isso deu lugar a fantasias de ir para um eremitério ou uma comunidade no México, na Nicarágua, no Chile, no Novo México ou no Alasca. Ele escreveu cartas para Roma. Consultou horários de companhias de aviação. Fez novos planos de oração, trabalho etc. Esses planos sempre eram rejeitados por seus superiores, se ainda não tivessem sido substituídos por outros mais novos.

Finalmente, Merton obteve permissão para viver em um eremitério simples nas terras do mosteiro, uma situação que provou conduzir à oração e ao trabalho criativo. E embora um abade mais tolerante tivesse acabado por lhe permitir sair do mosteiro — e por fim, em 1968, ir à Conferência de Bangcoc, onde morreu em um acidente elétrico —, àquela altura Merton havia encontrado a paz em sua vocação e seu voto de estabilidade. Afinal de contas, Gethsemani era seu lar, sua arena para a santidade, o lugar ao qual, estava convencido, fora chamado a trabalhar a favor de sua salvação.

É claro que o voto de estabilidade só faz sentido no contexto do que Bento chamava de *conversatio morum* — "conversão dos costumes" — um processo constante de crescimento e maturidade espiritual. Não há virtude em permanecermos a vida inteira em um emprego ou relacionamento que traz infelicidade para nós mesmos e para todos ao nosso redor. A estabilidade monástica tem a ver com a responsabilidade dos monges em relação uns aos outros e a Deus. Faz sentido e tem valor espiritual quando combinada com um compromisso de buscar a profundidade — o espírito ou caráter oculto de nossa vocação ou situação na vida.

Os padres do deserto eram especialistas nos momentos e ritmos da vida monástica; sabiam que a experiência da consolação é tão variável quanto a lua. Por isso, compadeciam-se do que chamavam de perturbações do coração. Os remédios que prescreviam podiam assumir a forma de trabalho, perseverança na oração ou disciplina renovada. Contudo, o conselho de Evagrius é particularmente pungente: "Quando encontramos o demônio da *acedia*, é hora de, em lágrimas, dividirmos nossa alma em duas. Uma parte deve encorajar; a outra deve ser encorajada."

UMA VOZ MANSA

Uma pessoa santa é alguém que tomou gosto pela santidade de Deus, cujo coração se sintonizou com o ritmo do amor. É difícil ouvir esse ritmo no ruído e na agitação da vida diária. Isso exige espaço, silêncio e tempo dedicados a ouvir.

Muitos santos, sobrecarregados como o resto de nós de prazos e responsabilidades, achavam difícil encontrar esse espaço exterior. Por isso, construíram seu próprio "castelo interior". Foi o que fez Santa Catarina de Siena — mística italiana e profeta medieval — quando sua família resistiu ao seu desejo de entrar para um convento. Quando seu pai a trancou em casa e a forçou a cumprir as obrigações de uma serva, Catarina reagiu construindo "um oratório em seu coração" — um lugar de silenciosa oração — para o qual podia se retirar em meio às suas tarefas diárias. Externamente, estava imersa no ruído e na agitação das atividades domésticas. Mas o tempo todo sua verdadeira vida encontrava refúgio em sua própria câmara secreta. Assim, como refletiu ela mais tarde, transformou suas obrigações e tarefas diárias em uma escada para o céu.

Em uma das histórias mais misteriosas da Bíblia (1 Rs 19:11-12) o profeta Elias, escondendo-se daqueles que queriam lhe tirar a vida, encontrou refúgio em uma caverna, onde esperou a palavra do Senhor. "E eis que passava o Senhor, como também um grande e forte vento que fendia os montes e quebrava as penhas diante do Senhor; porém, o Senhor não estava no vento." E tampouco no terremoto e grande fogo que se seguiram. Mas depois do fogo Elias ouviu "uma voz mansa e delicada".

É preciso discernimento para saber que a voz de Deus não está em um terremoto, um grande fogo ou um forte vento. Mas ouvir Deus falar em uma voz mansa e delicada exige mais do que discernimento. Exige um pouco de silêncio.

Tipicamente, nós usamos o mundo para nos proteger desse silêncio. Acima de tudo, o ruído do mundo e suas muitas oportunidades de distração nos ajudam a evitar o silêncio aterrador de nossos próprios espaços interiores. Mas pagamos um preço por isso: inconstância, tédio, ansiedade. Em comparação, a felicidade dos santos pressupõe uma certa interioridade — a simples capacidade de ter uma vida interior. Como podemos desenvolver vidas interiores se levamos vidas totalmente superficiais?

Os grandes mestres da oração compararam a vida espiritual a um oceano. Na superfície, a vida pode ser revolvida pelo vento e pelas marés. Mas abaixo da superfície, mesmo em um mar tempestuoso, a água permanece calma. A busca da felicidade está ancorada nessas profundezas.

CAPÍTULO 5

Aprender a amar

Amados, amemo-nos uns aos outros, porque o amor é de Deus, e qualquer um que ama é nascido de Deus e conhece a Deus. Aquele que não ama não conhece a Deus.

— 1 Jo 4:7-8

O amor é sofredor, é benigno; o amor não é invejoso; o amor não trata com leviandade, não se ensoberbece. Não se porta com indecência, não busca os seus interesses; não se irrita, não suspeita mal; não folga com a injustiça, mas folga com a verdade. Tudo sofre, tudo crê, tudo espera, tudo suporta.

— 1 Co 3:4-7

WILLIAM BLAKE, POETA INGLÊS e artista visionário, deixou uma definição concisa do caminho da santidade. Ele escreveu: "Nós somos postos na Terra por um curto espaço, para que possamos aprender a irradiar a luz do amor." Blake, que costumava conversar com os anjos em seu jardim, era igualmente excêntrico nos assuntos espirituais e artísticos. Contudo, sua afirmação está de acordo com a sabedoria dos santos. Todos eles concordaram em que a santificação é uma questão de se harmonizar com Deus — de "rejeitar firmemente o eu antigo e aceitar Cristo", cuja natureza é simplesmente o próprio amor.

A Bíblia ensina que os seres humanos são criados à imagem de Deus. Esse é outro modo de dizer que somos criados à imagem do amor, de forma que nunca somos tão verdadeiramente nós mesmos como quando refletimos essa imagem. Mas o que realmente sabemos sobre o amor? A maioria de nós se dá por feliz em ter algumas pessoas amadas na vida, sejam pais, parceiros, filhos ou amigos. A cultura popular espera que avaliemos esses amores de acordo com a busca pela pessoa, em algum lugar, destinada a ser "o amor de nossa vida".

Nada está tão profundamente arraigado em nossos corações como a ânsia por amar e ser amado. Canções, poemas e cartões de cumprimentos nos dizem o mesmo: "amor é tudo o que você precisa". Isso significa que pelo menos nesse ponto os santos concordavam com os Beatles? Talvez sim. Mas as palavras de Blake mostram algo mais do que apenas a satisfação do "desejo de nosso coração". Dirigem-nos para um processo constante de crescimento e conversão. O que está em jogo não é apenas a satisfação de nosso desejo, mas a necessidade de ampliar, pouco a pouco, nossa própria capacidade de amar; de se harmonizar com o amor que, como disse Dante, "move o Sol e os outros astros".

Nossa função na Terra é aprender a irradiar a luz do amor. Se conseguirmos fazer isso, independentemente de termos vidas longas ou curtas, alcançaremos o objetivo de nossa existência, a felicidade dos santos. Conheceremos aquele "júbilo no amor de Deus" que Richard Rolle, um místico inglês do século XIV, atribuiu aos santos. "Se nosso amor é puro e perfeito", disse ele, "não importa o que nossos corações amem, é Deus."

APAIXONADO

O que sabemos sobre o amor? Os poetas sempre o decantaram, descrevendo o seu poder de fazer com que nos sintamos mais vivos, de nos tornar preocupados com o bem do outro a ponto de perder toda a consciência de uma identidade separada, desejar "tudo sofrer, tudo crer, tudo esperar e tudo suportar" pelo bem da pessoa amada. Para quem está "apaixonado", o mundo parece diferente. O que antes era cinzento e sem graça fica colorido. A vida ganha um objetivo e uma promessa. O que parecia fechado é subitamente aberto. Não estamos mais sós, há alguém que partilha nossas alegrias e tristezas, conhece os segredos de nossos corações. E desejamos ser merecedores dessa dádiva. Como observa Jack Nicholson, um homem extremamente neurótico em *Melhor é impossível*, para a personagem representada por Helen Hunt: "Você me faz querer ser um homem melhor."

Com tantos filmes, sonetos e canções para nos basear, o que mais podemos aprender com os santos? Não muito, poderíamos supor, se achássemos que os santos ocupam uma zona espiritual além do alcance dos sentimentos humanos comuns. Santa Teresa de Lisieux disse que a missão de sua breve vida era apenas "fazer o Amor amado", o que parece ambicioso — e contudo abstrato. Forçadas a escolher entre o amor pelo próprio "Amor" e o amor por um cão, um gato ou qualquer companhia solidária, muitas pessoas escolheriam o que realmente pudessem tocar. Nesse caso, a versão dos santos do amor seria meramente uma leve e pálida sombra da "coisa real"?

Essa pergunta só mostra quanto há a aprender sobre a própria realidade. Por amor a Deus, os santos não deixaram de amar outras pessoas, lugares ou coisas que os faziam felizes. Pelo contrário. Eles achavam que o amor era uma chave. Mas atrás de cada porta que abria havia outra que levava a algo mais amplo.

Os santos seriam os últimos a escolher um mundo de sombras e evasão. Foram eles que seguiram o rastro da humanidade até sua fonte em uma realidade cada vez maior e mais profunda. Eles acreditavam que todo o amor, toda a beleza e toda a felicidade nesta vida eram uma amostra e antecipação da "coisa real". Sob essa luz, Santo Agostinho escreveu:

> O que eu amo quando amo o meu Deus? Não amo a beleza material ou a beleza de uma ordem temporal e nem o brilho da luz terrena, tão agradável aos nossos olhos... E contudo, quando amo o meu Deus, amo uma luz, uma voz, um perfume, um alimento e um abraço; mas são do tipo que amo em meu eu interior, onde minha alma é banhada por uma luz que nenhum espaço contém; ouve um som que nunca cessa; sente um perfume que o vento não espalha; saboreia um alimento que a sofreguidão não diminui; une-se em um abraço que a satisfação do desejo não desfaz. Eis o que eu amo, quando amo o meu Deus.

Não é preciso ser santo para amar. Mas, ao que parece, somente quem já amou pode ser santo.

FELICIDADE NATURAL

Talvez Santo Agostinho não seja o melhor exemplo. Nos primeiros capítulos de *Confissões* ele se refere freqüentemente à sua busca desesperada por "um objeto para o meu amor". Em formas e pessoas diferentes, incluindo sua amante de muitos anos, ele evidentemente o encontrou. Mas, em todo caso, Agostinho quer mostrar como as "águas claras" do amor foram invariavelmente estragadas pelo "rio negro da luxúria". Ele descreve seu relacionamento com sua amante anônima, a mãe de seu filho, nestes termos nada lisonjeiros: "Naquele tempo eu vivia com uma mulher, não minha esposa legal, mas uma amante a quem havia escolhido sem nenhum motivo especial além de minhas turbulentas paixões que me levaram a ela."

O modo de proceder de Agostinho contrasta muito com uma passagem parecida na autobiografia de Dorothy Day, *The Long Loneliness*, em que ela conta a história de seu amor por um homem chamado Forster e como ele, indiretamente, acabou apressando a sua jornada espiritual: "O homem que eu amava, com quem tive um casamento consensual, era um anarquista, de descendência inglesa, e biólogo." Ela o conheceu em uma festa em Greenwich Village, no início da década de 1920. Logo eles começaram a viver juntos — como disse Day, "no sentido mais completo da expressão" — em uma casa em Staten Island, paga com a venda por parte de Dorothy dos direitos de filmagem de um romance autobiográfico.

Em seu meio boêmio, não havia nada de escandaloso em um relacionamento desse tipo. Evidentemente, era Day quem gostava de pensar nele como um "casamento consensual". Para Forster, que nunca escondeu seu desprezo pela "instituição da família", o relacionamento era simplesmente um "companheirismo". Contudo, Dorothy o amou "de todos os modos". Ela escreveu: "Eu o amei por tudo que ele sabia e me compadeci dele por tudo que não sabia. Eu o amei pelas miudezas que tinha de tirar dos bolsos de seu suéter, pela areia e pelas conchas que trazia para casa de sua pescaria. Eu amei seu corpo magro e frio quando ele deitava na cama cheirando a mar e amei sua integridade e seu teimoso orgulho." Quanto aos sentimentos de Forster, "ele amava a natureza com uma paixão sensual e amava os pássaros, as bestas e as crianças porque não eram homens".

Foi durante esse tempo de "felicidade natural", como Day o chamou, que ela se viu imaginando uma felicidade ainda maior. O amor ardente de Forster pela criação o fazia desdenhar da religião, mas para Day teve o efeito oposto, o de levá-la "para o Criador de todas as coisas". Ela começou a orar durante as suas caminhadas e até mesmo a ir à missa. "Como pode não existir um Deus, quando há todas essas coisas belas", dizia, provocando Forster. Mas havia um crescente abismo entre eles.

Tudo isso ocorreu antes da gravidez de Day e do nascimento de sua filha, um evento que cristalizou seus anseios religiosos. Day decidiu que batizaria seu bebê, "custasse o que custasse". O preço foi alto. Ela não podia se tornar católica mantendo esse "casamento consensual". Quanto a Forster, não aceitava um casamento, fosse civil ou religioso. Com grande sofrimento, eles se separaram.

Talvez Dorothy Day também não seja um bom exemplo. Sua história, como a de Agostinho, poderia parecer demonstrar o conflito entre amor "meramente" humano e aspirações religiosas "mais elevadas". Mas não era assim que Day via isso. "Eu não podia considerar o amor entre homem e mulher incompatível com o amor a Deus", escreveu. "Deus é o Criador, e o próprio fato de estarmos gerando uma criança me fazia ter a sensação de que éramos feitos à imagem e semelhança de Deus, co-criadores com ele." Seu relato dessa história não contém nenhuma das palavras de Agostinho de vergonha e arrependimento. Essa é uma história de como, "através de um amor completo, tanto físico quanto espiritual", ela passou a conhecer Deus.

Mas esse não foi o fim da história de Day. Sua experiência da "felicidade natural" havia estimulado sua ânsia por uma felicidade maior. Seu amor por Forster, por sua filha, pela beleza da Terra e também pelos pobres e oprimidos a levaram a acreditar em um amor ainda maior. Tudo isso, após o seu encontro anos mais tarde com Peter Maurin, ela levaria consigo para o Catholic Worker.

Santo Agostinho chamava a vida de uma "estrada das afeições", um processo de aprender o que é digno de nosso amor e como amar apropriadamente. Muitas pessoas vivem fechadas no amor por si próprias, uma prisão definida pelos limites de seu conforto, suas posses ou sua reputação. Outras estendem um pouco as paredes para incluir alguém ou uns poucos escolhidos. Outras ainda estabelecem o limite ao redor de sua família, seu país ou sua igreja. Tudo isso tem o seu valor. A questão é se estamos abertos à voz que nos chama das profundezas. Quando o amor é o horizonte e não o limite de nossa existência, tudo revela a sua profundidade oculta e nos leva para a frente. Não só tudo que é belo, como até mesmo o banal e rotineiro, coisas consideradas insignificantes e sem valor, podem servir como janelas para o infinito.

DEUS E O NOSSO PRÓXIMO

Quando lhe perguntaram qual era o maior de todos os mandamentos, Jesus deu uma resposta em duas partes. Disse que devemos amar a Deus "de todo o coração, de toda a alma, de todo o entendimento e de todas as forças". Mas imediatamente isso foi ligado a um segundo mandamento, "semelhante a este", o de que devemos amar ao nosso próximo como a nós mesmos. Como um exemplo do que isso significava na prática, Jesus contou a história de um samaritano, seguidor de uma seita desprezada pelos judeus ortodoxos, que interrompeu sua viagem para cuidar de um estranho que encontrou deitado nu e ensangüentado à beira da estrada.

Sobre esse tema, Sigmund Freud observou que o mandamento de "amar ao próximo como a si mesmo" é tão vão e absurdo que só funciona, em sua impossibilidade, como um indutor à culpa. Contudo, o que era tolice para Freud é bastante compreensível para a maioria dos pais. Ter um filho é reconhecer que é possível amar outra pessoa "como a si mesmo". A psicologia evolutiva pode explicar um pouco esse sentimento. Mas não totalmente. Há muitos outros exemplos de pessoas que reagiram às necessidades alheias com um amor igualmente ardente e protetor.

Há, por exemplo, São Maximiliano Kolbe, um sacerdote franciscano que se ofereceu voluntariamente para morrer no lugar de outro prisioneiro, em Auschwitz. (O homem que ele salvou estava vivo quarenta anos depois para assistir à sua canonização.) Ou Damião de Molokai, o padre belga que viveu entre os leprosos em uma colônia isolada no Havaí até sucumbir à sua doença. Ou ainda Oskar Schindler, o industrial alemão que enfrentou grande perigo para salvar do Holocausto os operários judeus de sua fábrica, na Polônia. O exemplo de Schindler é surpreendente porque aparentemente ele não era, pelo menos segundo os padrões convencionais, um "bom homem", muito menos um candidato à canonização.

Exemplos como esses podem representar o outro extremo do espectro moral. Talvez o modelo de Cristo de amor a Deus e ao próximo seja apenas um horizonte que tentamos, em geral sem sucesso, alcançar. Porém, se "de todo o coração, de toda a alma, de todo o entendimento e de todas as forças" torna o objetivo muito difícil de alcançar, resta o fato de que Jesus apresentou um teste mais simples. No Evangelho de Mateus, descreveu o que nos espera no dia do julgamento nestas palavras: "Tive fome e destes-me de comer... era estrangeiro e hospedastes-me, adoeci e visitastes-me." Perguntaram-lhe: quando fizemos essas coisas? E então Jesus revelou o significado secreto da parábola do Bom Samaritano: "Quando o fizestes a um destes meus pequeninos irmãos, a mim o fizestes." (Mt 25:31-46).

Os santos viveram de acordo com as implicações dessa simetria mística. Eles acreditaram que Jesus se mostra a nós no próximo: no estrangeiro, nu e ensangüentado à beira da estrada; no doente que precisa de nossos cuidados; no faminto com quem dividimos nosso pão; no solitário cujo fardo aliviamos. Contudo, de fora, a equação realmente parece vã e absurda: por um lado, um andrajoso pedinte; por outro, o Filho de Deus. É o amor que equilibra a balança. Na falta desse amor, todos nós somos andrajosos pedintes. Como escreveu Madre Teresa: "Deus se identificou com os famintos, os doentes, os nus, os sem-teto; os que precisam não só de pão como também de amor e cuidados, de alguém que se importe com eles; os que precisam não só de roupas como também da compaixão que pouquíssimas pessoas têm pelo desconhecido; os que precisam não só de um abrigo de pedra como de ter alguém na vida."

E, portanto, em um sentido absoluto, não importa se seguimos amando a Deus ou ao nosso próximo, acabamos por alcançar o mesmo fim. Sempre que damos algo sem calcular seu custo ou retorno, aprendemos a irradiar a luz do amor.

AMOR E FELICIDADE

Mas o amor nos faz felizes?

A resposta depende em parte do que chamamos de amor e do que chamamos de felicidade. Mais uma vez, para Freud, é uma ilusão achar que estão ligados. "Nunca ficamos tão desprotegidos contra o sofrimento do que quando amamos", escreveu ele, "nunca ficamos tão impotentemente infelizes como quando perdemos o objeto de nosso amor ou seu amor." Segundo essa visão, o amor é um instinto de posse que busca um objeto para segurar e manter. Qualquer felicidade baseada no amor é sempre frágil porque não podemos realmente possuir o coração de outra pessoa.

Sem dúvida, isso descreve um certo tipo de amor. Mas os santos tinham outra coisa em mente. Um dos paradoxos do Evangelho é o ensinamento de que nós realmente só possuímos o que podemos dar. O amor que depende da expectativa de retorno é apenas a lei do mercado ou o que Simone Weil gostava de chamar de gravidade. O verdadeiro amor desafia a lei da gravidade; não se expressa segurando, mas doando livremente.

O mesmo é verdadeiro em relação à felicidade. Como escreveu Thomas Merton: "Uma felicidade buscada apenas para nós nunca pode ser encontrada, porque uma felicidade que diminui ao ser partilhada não é grande o suficiente para nos fazer felizes. Há uma felicidade falsa e momentânea na satisfação de si mesmo, mas ela sempre leva à tristeza porque limita e enfraquece o nosso espírito. A verdadeira felicidade é encontrada no amor altruísta, um amor que aumenta na proporção em que é partilhado."

Um conto de Natal, de Charles Dickens, apresenta um tratamento familiar desse tema. Ebenezer Scrooge, um rico avarento, mal tem consciência de sua própria infelicidade até que uma série de aparições o ajuda a rever a sua vida. Ao observar uma seqüência de quadros vivos de Natais passados, presentes e futuros, defronta-se com a aridez de sua própria vida e reconhece a rede mais ampla de relações humanas em que cada pessoa está envolvida. Ele vê os efeitos de suas ações e atitudes sobre a felicidade alheia. Vê como sua própria rejeição ao amor, no passado, paralisou sua capacidade de viver. Observa, como se pela primeira vez, a realidade das vidas ao seu redor, o sofrimento que não evitou, as oportunidades de amar que desperdiçou. Finalmente, vislumbra o destino que o espera, morrer rico e só, e sem que ninguém lamente a sua morte. Convencido por essa visão, Scrooge aproveita a oportunidade de mudar a sua vida. Agora, no verdadeiro espírito do Natal, ele percebe o que significa amar. Isso, por sua vez, muda a aparência do mundo que o cerca. "Ele foi à igreja, caminhou pelas ruas, viu as pessoas andando apressadamente para cá e para lá, afagou a cabeça das crianças, conversou com os mendigos, olhou para dentro das cozinhas e janelas das casas e descobriu que tudo poderia lhe dar prazer. Ele nunca havia sonhado que uma caminhada — que qualquer coisa — poderia lhe dar tanta felicidade."

Uma vida em que não há um sopro de amor é uma vida miserável. Como uma planta sem água suficiente, que pode existir de uma forma seca, mas não pode florescer. Ao mesmo tempo, há em cada um de nós uma identidade secreta desconhecida até por nós mesmos que está adormecida, esperando o beijo da pessoa amada para finalmente despertar. Esse beijo pode assumir muitas formas. Às vezes, é o amor de alguém cuja existência nos convida a um mundo subitamente nobre e belo. Para São Francisco de Assis, foi o beijo de um leproso. Para Santo Antão, uma passagem do Evangelho que o comoveu como nada jamais o comovera. Para Santa Catarina de Gênova, o verdadeiro perdão. Não importa como o amor entra em nossas vidas, convida-nos a ser melhores, mais corajosos, gentis, capazes de perdoar, envergonhados de nossos fracassos e decididos a nos esforçar para progredir.

No Evangelho de Lucas, Jesus observa um homem chamado Zaqueu que havia subido em um sicômoro para ter uma visão superior da multidão. Zaqueu era de baixa estatura, mas tinha outro motivo para observar de longe. Era um cobrador de impostos, um homem desprezado como um parasita social. Contudo, do meio da multidão, Jesus lhe disse para descer do sicômoro, chamando-o pelo nome: "Zaqueu, desce depressa, porque hoje me convém pousar em tua casa." E, presenciando a cena, todos murmuravam, dizendo que Jesus entrara para ser hóspede de um homem pecador. Mas Zaqueu ficou tão comovido com essa atenção pessoal que respondeu com uma corajosa declaração pública: "Senhor, eis que eu dou aos pobres metade dos meus bens; e, se nalguma coisa tenho defraudado alguém, o restituo quadruplicado." (Lc 19:1-8)

Muitos dos santos poderiam se identificar com aquele homem no sicômoro. A exemplo de Zaqueu, tiveram de experimentar ser conhecidos e amados por Deus. Nesse amor encontraram coragem para recomeçar, fazer coisas impossíveis, tornar-se pessoas diferentes. Como escreveu João Evangelista: "Nós amamos a ele porque ele nos amou primeiro." (1 Jo 4:19)

Até mesmo em suas formas diárias familiares, o amor tem o poder de transformar e redimir. Dostoievski descreve esse poder em *Crime e castigo*. No final de seu romance, o assassino Raskolnikov foi enviado para a Sibéria. Abatido e desiludido, seu niilismo o levara ao impasse do exílio da prisão. Mas, afinal de contas, não era um beco sem saída. Sonia, uma prostituta, foi se unir a ele em exílio voluntário. Fora ela quem o havia anteriormente instado a confessar seu crime e purificar sua alma. Sem dúvida, Sonia agora vê nele a possibilidade de seu próprio recomeço. Nesse meio tempo, o amor dela busca pacientemente a centelha da alma de Raskolnikov e a atiça. Antes, em uma parte particularmente tocante do romance, Sonia lera para Raskolnikov a passagem do Evangelho da ressurreição de Lázaro. Agora, sob a influência do amor dela, ocorre outra ressurreição: "Eles queriam dizer alguma coisa, mas não conseguiam. Verteram lágrimas. Ambos estavam pálidos e magros; contudo, nesses rostos pálidos e doentios já brilhava a luz do futuro renovado, do renascimento para uma vida nova. O amor os fez voltar à vida; o coração de um continha fontes inesgotáveis de vida para o coração do outro. Eles resolveram esperar e ser pacientes. Sete anos se passariam; e até então quanto sofrimento insuportável, que felicidade infinita!"

"O inferno é não mais amar", diz o herói de *Diário de um pároco de aldeia,* de Georges Bernano. Contudo, o "mais reles dos seres humanos, embora ache que não pode mais amar, ainda tem em si o poder de amar". É esse poder, mesmo perdido e esquecido, que forma a preciosa essência, a alma de cada pessoa. Seja o que for que sugira a palavra "salvação", sempre envolve a redescoberta e o desenvolvimento desse poder latente. Algo precioso foi perdido e agora encontrado. Quando isso ocorre, outro Lázaro ressuscita.

AMOR EM AÇÃO

As canções no rádio descrevem eloqüentemente os *sentimentos* de amor — a ânsia, o desejo ardente. Místicos cristãos adotaram essa mesma linguagem para explicar o relacionamento entre Deus e a alma. Santa Teresa d'Ávila narrou esse relacionamento "como a experiência de duas pessoas aqui na Terra que se amam profundamente e se conhecem bem; parecem se entender mesmo sem sinais, apenas por meio de um olhar. Elas olham diretamente uma para a outra". Baseando-se na imagem retórica do Cântico dos Cânticos, Teresa escreveu: "Meu Senhor, não vos peço mais nada na vida além de que *Vossa boca me beije*, e que o faça de um modo que, mesmo que eu queira rejeitar essa amizade e união, Senhor de minha vida, submeta-me à Vossa vontade e não me afaste dela;

que nada me impeça de poder dizer: 'Meu Deus e minha Glória, de fato *Vosso coração é melhor e mais maravilhoso do que o vinho*'."

Ao que parece, os santos não eram insensíveis aos sentimentos. Mas também sabiam que o amor é mais do que palavras e sentimentos. Seja em relação ao cônjuge, ao "próximo" ou até mesmo ao inimigo, o amor revela-se em ação.

Em *Os irmãos Karamazov*, Dostoievski apresentou uma reflexão notável sobre esse tema através do personagem do Padre Zósima, um santo abade cujos ensinamentos são o centro espiritual do romance. Em uma cena memorável, Zósima tenta aconselhar uma mulher orgulhosa e rica que o procurou. Ela lhe diz que sofre de falta de fé: e se não existir vida eterna?

Ninguém pode provar a existência da vida eterna, responde ele, mas *pode* se convencer dela. Como? "Pela experiência do *amor ativo*", explica à mulher. "Tente amar ao seu próximo ativa e persistentemente. E quanto mais perto chegar disso, mais se convencerá da existência de Deus e da imortalidade da alma. Se você for totalmente altruísta em seu amor ao próximo, é quase certo que recuperará a sua fé e que nenhuma dúvida poderá permear a sua alma."

Amor ativo? Isso levanta outra questão para a visitante de Zósima. "Veja bem", diz ela, "eu amo tanto a humanidade que — acreditaria nisso? — às vezes, sonho em renunciar a tudo, tudo que tenho... e me tornar enfermeira de um hospital. Fecho os olhos, penso e sonho, e, nesses momentos, sinto-me cheia de uma força inquebrantável." Só há um problema: e se os pacientes não forem gratos? Ela acha que poderia suportar tudo, menos a ingratidão.

Padre Zósima dá a impressionante resposta: "O amor em ação é uma coisa desagradável e apavorante comparado com o amor em sonhos."

Nós não aprendemos a amar sonhando acordados. Aprendemos a amar amando. Nas palavras de Teófano, o Recluso, um dos antigos padres do deserto: "Você diz que não tem humildade ou amor. Quando isso está ausente, tudo o que é espiritual está ausente... Adquire-se humildade por meio de atos de humildade, amor por meio de atos de amor." Os atos de amor, repetidos diariamente, estabelecem o hábito de amar. O que começa com um esforço consciente pode se tornar, com a prática, uma certa atitude em relação à vida. Quando o nosso caráter é moldado pela caridade, forma nossa reação a todas as situações.

E se as pessoas que amamos não forem gratas? Então poderemos seguir o conselho de São João da Cruz: "Onde não houver amor, plante amor, e colherá amor."

A ARTE DE AMAR

Ainda é difícil, realmente "antinatural", amar quem não nos retribui com amor. É fácil falar aqui do papel da graça. Mas graça não é o mesmo que flecha de Cupido. A escolha e a disciplina também têm a sua função. Isso é algo que Eric Fromm descreveu como "a arte de amar".

Santa Teresa de Lisieux (1873-1897), que passou a maior parte de sua breve vida em um convento carmelita na Normandia, praticava essa arte. Cedo na vida decidiu que se tornaria uma santa e, ainda na infância, criou o seu método. Ela o chamou de "o caminho da infância espiritual", ou o "Pequeno Caminho". Baseava-se em uma atitude de confiança total em Deus, um esforço para reagir com amor a cada tarefa, batalha ou pequeno insulto em sua vida diária. Ela acreditava que com a prática dessa disciplina poderia tirar a banalidade da vida e transformá-la no combustível do amor. Cada situação poderia se tornar uma arena para a santidade. E, pela pequena e molecular influência de cada ação e intenção, poderia mudar o mundo.

Apesar de sua linguagem sentimental — Teresa gostava de se considerar uma "florzinha" no jardim de Deus e um "brinquedo para o Menino Jesus" —, ela tinha uma vontade de ferro, uma determinação absoluta a atingir o seu objetivo. Não era um objetivo modesto. Em sua autobiografia, publicada após a sua morte como *História de uma alma*, confessou sentir um chamado a todas as vocações, ser guerreira, freira, doutora da Igreja e mártir. Mas, em última análise, acreditava que sua vocação não era nada menos do que "o próprio amor", uma virtude que incluía todos os chamados, sem exceção. "Minha vocação é o amor!", escreveu. "No coração da Igreja, minha Mãe, *eu serei amor.*" Essa convicção lhe trouxe alegria, embora tenha tido um preço. No caso de Teresa, o "Pequeno Caminho", seu caminho da santidade, incluiu os aborrecimentos da vida comunitária: a irmã com um modo irritante de manusear o seu rosário ou a que inadvertidamente lhe espirrava água suja quando lavava roupa. Cada um desses momentos era uma oportunidade de reprimir o impulso de julgamento e ressentimento, aumentar sua capacidade de paciência e perdão. É claro que, como ela observou, em um convento "ninguém tem inimigos, mas certamente tem afeições e desafeições. Sentimo-nos atraídas por uma certa irmã e faríamos o possível para evitar encontrar outra. Jesus me diz que é essa própria irmã que eu devo amar, e devo orar por ela, embora sua atitude me faça acreditar que não tem amor por mim". Citando a Bíblia, comentou: "Se você ama quem o ama, que mérito há nisso? Os pecadores também amam quem os ama."

Os sofrimentos de Teresa acabaram resultando em muito mais do que os "aborrecimentos" da vida comunitária. Depois de contrair um tipo virulento de tuberculose, ela passou seus últimos meses em agonia de corpo e espírito. Perto do fim, disse que enfrentou todas as formas de tentação, inclusive o espectro do desespero. Mas ela se manteve fiel ao seu método, convencida de que nessa fidelidade estava a arena para o seu testemunho e sua garantia da vitória definitiva.

Um dia, quando uma das irmãs leu para ela sobre a felicidade eterna, Teresa subitamente disse: "Não é isso que me atrai. É o amor! Amar e ser amada!" Em suas últimas semanas, voltou a esse tema. "Eu sinto que a minha missão está prestes a começar", disse, "minha missão de fazer as almas amarem o bom Deus como eu O amo, ensinar-lhes o meu pequeno caminho. Se meu desejo for atendido, espero passar o meu céu fazendo o bem na Terra, até o fim dos tempos. Sim, eu passarei o meu céu fazendo o bem na Terra".

Teresa só tinha 24 anos quando morreu. Contudo, sua mensagem logo encontrou uma enorme audiência em todo o mundo. De fato, após sua canonização, ela se tornou uma das santas mais populares dos tempos modernos. Em parte, isso refletiu a universalidade de seu "Pequeno Caminho". Talvez poucos sejam chamados a realizar grandes obras, testemunhar perante reis ou carregar a cruz do martírio. Porém, como demonstrou Teresa, há um princípio de continuidade entre nossa reação às situações diárias em que nos vemos nas "grandes" arenas nas quais os santos e mártires ofereceram seu testemunho. Segundo Teresa, cada momento, aceito e vivido em um espírito de amor, é uma oportunidade de heroísmo e um passo no caminho da felicidade e da santidade.

ESCOLHENDO AMAR

Embora, por coincidência, Dorothy Day tenha nascido no ano da morte de Teresa, em 1887, pareceria ter pouco em comum com a "Florzinha". Na verdade, sua primeira impressão da santa foi desfavorável. Ela recebeu uma cópia da autobiografia de Teresa de seu confessor, em 1928, logo após a sua conversão, e a achou "sem graça, monótona, de fato pequena demais para que eu a notasse". Como mais tarde escreveu: "Que tipo de santa era essa que achava que tinha de praticar uma caridade heróica comendo o que era posto à sua frente, tomando remédios, suportando frio e calor, limitando-se a suportar uma sociedade de almas medíocres, seguir o rígido regime das freiras carmelitas às quais se juntou com 15 anos?" Uma reformadora como Teresa d'Ávila ou defensora da justiça como Joana d'Arc — essas eram os tipos de santas que lhe interessavam. Day rejeitava a história de Teresa, a qual via como uma "tolice religiosa". Contudo, com o correr do tempo, teria em Teresa a sua santa favorita, chegando a escrever um livro sobre a vida dela e a espiritualidade do "Pequeno Caminho". Day foi uma das poucas pessoas a reconhecer as implicações sociais dos ensinamentos de Teresa: "A importância das pequenas coisas que deixamos de fazer! Os protestos que não realizamos, as posições que não tomamos no mundo em que vivemos." Mas ela também experimentou as convicções de Teresa de que todos nós somos chamados a ser santos e que toda a santidade cria raízes na prática do amor.

Para Day, a sabedoria prática da "ciência do amor" de Teresa era amplamente confirmada por sua própria experiência de vida comunitária entre os "insultados e prejudicados". O Catholic Worker ainda não tem regras ou testes para admissão; todos são bem-vindos. O resultado é uma reunião de personagens aparentemente tirados de um romance de Dostoievski; uma série de peregrinos, estudiosos e "tolos santos", jovens e velhos, operários, vagabundos e indesejados. Somente o amor poderia preservar tal casa.

Mas Day não era cega às tensões e dificuldades envolvidas. Em um de seus diários, após descrever vários tipos de pessoas irritantes, exigentes, ingratas e egoístas, observou como às vezes "o fardo se torna pesado demais; há muitas dessas pessoas; meu amor é pequeno demais; chego a pensar, apavorada, 'não tenho amor em meu coração; não tenho nada para dar a elas'; e, contudo, preciso fingir que tenho. Mas o estranho e maravilhoso é que o faz-de-conta se torna verdade. Se você desejar amar alguém, logo amará. Se desejar amar esse velho ranzinza, um dia o amará. Isso dependerá do quanto você tentar". Essa é uma afirmativa admirável, uma resposta instrutiva para a evasiva comum: "Dorothy Day podia fazer essas coisas; ela era uma santa." Se Dorothy Day podia amar tantas pessoas aparentemente indignas de amor, era só porque tentava muito.

A anarquia funcional das casas do Catholic Worker pode parecer muito distante da ordem e das regras de um convento ou mosteiro típicos. Contudo, apresenta desafios parecidos, como Dorothy Day passou a reconhecer. Cada qual é uma "escola de caridade". Não é que a vida em comunidade promova naturalmente a cooperação e compreensão; o caso é o oposto. Foi exatamente esse o insight de Teresa: é mais fácil amar abstratamente do que tolerar a pessoa à sua mesa, aquela que faz ruídos estranhos ao comer ou raspa a faca no prato de um modo irritante. São provas como essas que aprimoram a nossa capacidade de amar, porque só aprendemos o perdão quando há algo a perdoar; aprendemos a paciência quando a nossa é duramente testada.

Thomas Merton chamou a comunidade monástica de "uma escola onde aprendemos a ser felizes", não porque um mosteiro seja "O Lugar mais Alegre na Terra" (como proclama o anúncio da Disneylândia). Segundo Merton, é na comunidade monástica que aprendemos que nossa felicidade "consiste em partilharmos a felicidade de Deus", caso contrário, poderíamos ser tentados a acreditar que consiste em nos livrarmos dos idiotas que nos cercam.

O que é dito sobre a comunidade monástica também é verdadeiro em relação a qualquer família — talvez até mais, visto que a família é uma comunidade que não podemos escolher. Às vezes, a família é um lugar de amor natural e apoio, o único em que somos valorizados e aceitos incondicionalmente. Às vezes, é um lugar sufocante, senão um ninho de serpentes. Como observou Tolstoi: "As famílias felizes são todas iguais." Mas, até mesmo nas famílias "mais felizes", rompantes à mesa de jantar e rivalidades latentes podem levar uma pessoa a fantasiar sobre São Simeão Estilita e sua vida de isolamento em cima de uma coluna.

Contudo, isso também é uma escola de caridade. Em uma família, entre aqueles que conhecemos mais intimamente e que por sua vez nos conhecem, somos não só tolerados como também desafiados a ser o melhor que pudermos — mais dispostos a perdoar, mais pacientes. Independentemente da qualidade de nossas vidas familiares, não precisamos buscar esses desafios. Eles surgem para nós diariamente, senão a cada hora.

Muitas vezes Dorothy Day chorou devido aos fracassos e às desavenças em sua família do Catholic Worker, apenas para ser consolada por um gesto de bondade ou companheirismo que lhe pareceu uma antecipação do céu. O título de sua autobiografia, *The Long Loneliness*, se refere à solidão essencial no centro de toda vocação. Mas ela terminou seu livro com estas palavras: “Nós não podemos amar a Deus se não amamos uns aos outros. Nós O conhecemos e nos conhecemos no partir do pão, e não estamos mais sozinhos... Todos nós conhecemos a longa solidão e aprendemos que a única solução é o amor, o amor que vem com a comunhão.”

NOVOS OLHOS

O amor nos permite ver com novos olhos, enxergar além das aparências uma verdade ou um valor mais profundo. Algo pode ser velho e gasto, não ter valor ou qualidade evidente. Contudo, sua associação com um ente querido ou um tempo em que fomos especialmente felizes lhe confere um valor inestimável: o sapato ou desenho malfeito de uma criança; o suéter de nosso pai; a xícara de chá de nossa mãe. Tudo tem a sua própria vida secreta. O amor reúne esses diversos objetos e os torna canais de graças. Para os santos, toda ordem natural, amada por Deus e, portanto, infinitamente preciosa, tem esse potencial. Se participamos desse amor, todas as coisas revelam o seu significado transcendente; cada uma delas nos convida ao nosso verdadeiro lar.

Nós sabemos que estamos cercados o tempo todo de forças que permanecem invisíveis aos nossos olhos: radiação ultravioleta, ondas eletromagnéticas, sinais de rádio ou de imagens de televisão, conversas por telefones celulares. Se alguma tinta pudesse tornar visíveis ondas e forças, nós nos veríamos nadando em um mar de luz, cores e sons, em dimensões de uma realidade que não faz parte de nossa percepção ou consciência normal.

Os santos estavam sintonizados com uma realidade invisível parecida: o fato de que todos nós estamos conectados em uma rede de amor e o universo se apóia em uma realidade que, se tivéssemos olhos para ver, nos surpreenderia e despertaria do sonho da separação.

Desperto por essa "luz do amor", um jovem padre católico chamado Engelmar Unzeitig descobriu o sentido de sua vocação em um campo de concentração nazista, na Bavária. Entre os duzentos mil prisioneiros em Dachau, Unzeitig era um dos mais de 2.500 clérigos. Esses prisioneiros eram particularmente desprezados por seus captores nazistas, que os segregavam dos outros em barracões especiais. Na sujeira e no terror do campo, esses sacerdotes e pastores exerciam o seu ministério. Oravam juntos, católicos com protestantes. Compunham hinos de louvor, celebravam missas clandestinas e tentavam ser úteis aos outros prisioneiros. Por um bom motivo, Dachau foi chamado de "o maior mosteiro do mundo".

Para o Padre Engelmar, preso na Áustria logo após a sua ordenação por pregar em defesa dos judeus, Dachau representou praticamente sua primeira "missão" sacerdotal. Ele tentou considerar o campo uma escola para a santidade. Em uma carta enviada clandestinamente para a sua irmã, escreveu: "Aquilo que às vezes parece má sorte, freqüentemente, é a maior sorte. Quanto uma pessoa aprende apenas pela experiência na escola da vida! Penso que deveríamos sentir e experimentar pelas outras pessoas a falta de paz no mundo e ajudá-las a encontrar a verdadeira paz. Então, não nos surpreenderíamos se Deus nos tirasse algumas das coisas que nos são caras e preciosas."

Em dezembro de 1944, irrompeu no campo um terrível surto de tifo. No primeiro mês, morreram mais de dois mil prisioneiros. Para conter a epidemia, os infectados ficavam confinados em barracões imundos, onde morriam, sozinhos e sem tratamento. No inferno de Dachau, esse era certamente o santuário interior. Quando convocaram voluntários, vinte sacerdotes se apresentaram, entre eles o Padre Engelmar. Dada a natureza extremamente infecciosa da doença, o significado desse gesto mostrava-se claro para todos; havia poucas esperanças de que qualquer um dos voluntários sobrevivesse. Mas aos necessitados os sacerdotes levaram amor e fé, fazendo o possível para trazer algum consolo e dignidade ao lugar. Apenas cuidar dos doentes e mantê-los limpos era um trabalho interminável. Mas os sacerdotes também ouviram confissões, realizaram ritos finais e recitaram orações para os mortos. O fato de a SS não entrar nesses barracões os tornou uma zona de humanidade peculiar.

Dali a semanas, Padre Engelmar estava ardendo em febre. Ele morreu em 2 de março de 1945, um dia após completar 34 anos e a apenas algumas semanas da libertação do campo pelas tropas norte-americanas. Em uma carta escrita poucos dias antes de morrer, ele disse: "O Bem é imortal e a vitória deve continuar a ser de Deus, mesmo se, às vezes, nos parece inútil espalhar amor pelo mundo. Contudo, vê-se repetidamente que *o coração humano está sintonizado com o amor e, no final das contas, não pode resistir ao seu poder, se é realmente baseado em Deus e não nas criaturas.* Nós queremos continuar a fazer e oferecer tudo para que o amor e a paz logo possam voltar a reinar."

CAPÍTULO 6

Aprender a sofrer

Para o santo, sofrimento continua a ser sofrimento, mas deixa de ser um obstáculo à sua missão, ou à sua felicidade, ambas encontradas positiva e concretamente na vontade de Deus.

— Thomas Merton

PODE PARECER TOLICE falar em sofrimento ligado à busca da felicidade. Dizem que "não se consegue nada sem sofrimento", mas isso se aplica à dieta e ao exercício. O verdadeiro sofrimento é outra coisa. Certamente a felicidade — seja o que for que a palavra inspire — exige a maior distância possível entre nós mesmos e tudo o que nos faz sofrer. Se fosse diferente, poderíamos nos sentir inclinados a abrir mão dela. Contudo, de qualquer modo, o sofrimento virá para nós.

Não nos surpreende aprender que podemos encontrar a felicidade no trabalho, no amor, na paz interior ou nos desligando de nossas preocupações diárias. Afinal de contas, tudo isso dá uma certa satisfação. Mas dizer que só seremos felizes se aprendermos a ficar satisfeitos é mera tautologia. Nossa satisfação é frágil se pode ser estragada por uma pulga, uma fagulha, um pedacinho de gelo, um galho quebrado. É aqui que precisamos mais da orientação dos santos, porque eles conheceram um caminho da felicidade em que o sofrimento não é necessariamente um obstáculo.

Essa lição é abordada com humildade. O sofrimento é triste, difícil e repulsivo, e somente quem sofreu pode falar com conhecimento de causa e sem risco de parecer volúvel. São João Evangelista restringiu seu testemunho "ao que vimos e ouvimos", e há um perigo particular, nesse caso, em falarmos sobre o que não conhecemos. Contudo, o tema não pode ser evitado. Afinal de contas, qual é o valor de qualquer receita para a felicidade se, em última análise, ela depende de circunstâncias felizes além de nosso controle?

Os santos não nos ensinam como evitar o sofrimento; eles nos ensinam como sofrer. Não fornecem o "sentido" do sofrimento. Mas viveram com a certeza de que há um sentido ou uma verdade na vida que o sofrimento não pode destruir. Eles não acreditavam que o sofrimento é "bom", mas que Deus é bom e "nem a morte e nem a vida... e nem a altura e nem a profundidade" podem nos privar do acesso a esse bem se realmente o desejarmos. Descobriram que não existe um lugar literalmente "abandonado por Deus", mas que em cada situação, mesmo a mais terrível e dolorosa, há uma porta que leva ao amor, à plenitude de vida... e à felicidade. Esse é o mistério mais profundo do Evangelho. Nosso trabalho, se quisermos aprendê-lo com os santos, é encontrar essa porta e entrar por ela.

O CENTRO DA RODA

Alguns santos escreveram tratados completos sobre o sofrimento. O primeiro foi São Severino Boécio (480-524), autor de *A consolação da filosofia.* Sua obra, inspirada em sua própria experiência de infortúnio, trata explicitamente da relação entre o sofrimento e a felicidade. Boécio era um cristão de boa família que serviu como um alto oficial da corte romana. Ao se envolver em uma intriga palaciana, foi acusado de traição e "do estudo ímpio da filosofia". Destituído de suas ordens honoríficas, foi preso, torturado e, finalmente, executado. Na prisão, escreveu essa obra na forma de um diálogo com sua patrona personificada, Filosofia. Confortando seu discípulo em seus sofrimentos, a "Sra. Filosofia" insta Boécio a se desligar das preocupações mundanas e se concentrar no único bem supremo: Deus, o criador de todas as coisas. Se ele puder ter essa atitude, sua paz e seu equilíbrio não dependerão mais de circunstâncias externas.

Entre os legados mais duradouros está a sua descrição da vida como uma Roda da Fortuna que gira lentamente, uma imagem clássica que aqui recebeu uma adaptação cristã. Segundo Boécio, aqueles que têm riqueza, poder, fama estão "na subida". Mas a Roda da Fortuna continua a girar, de modo que é tolice buscar a felicidade nas coisas passageiras — que estão aqui hoje mas não estarão amanhã. Enquanto nos agarrarmos à superfície da roda, nunca ficaremos satisfeitos. "É preciso muito pouco para estragar a felicidade perfeita da Fortuna", observa a Sra. Filosofia. É assim em nossas próprias vidas. Nossas prosperidade e satisfação são ofuscadas por preocupação e ansiedade. Basta nos compararmos com os outros para descobrirmos que algo está faltando: "O prazer da felicidade humana é estragado pela amargura; não importa o quanto a felicidade pareça agradável quando a temos, não pode ser mantida quando decide ir embora."

Que solução a Filosofia propõe? Ela diz que para sermos felizes devemos abandonar o aro externo da Roda, a ilusão de que a felicidade pode ser encontrada em bens passageiros. Devemos nos mover na direção de Deus, isto é, do centro da Roda, que nunca muda. Nesse caso, o caminho da felicidade é inseparável da busca da santidade. Mas o que é santidade, segundo Boécio? É apenas outro nome para resignação estóica? A resposta depende do que encontramos no centro da Roda. No que diz respeito a esse assunto, a filosofia sozinha nos leva apenas até aqui.

Mais tarde, na Idade Média, Mestre Eckhart assumiu uma abordagem mais pragmática do sofrimento. Em *The Book of Divine Comfort*, escrito no início do século XIV, ele propõe "uns trinta argumentos, cada um dos quais deveria ser suficiente para consolar uma pessoa honesta em sua aflição". Alguns são muito elevados, na verdade, acima das cabeças de todas as pessoas, exceto seus companheiros místicos: "Uma pessoa realmente perfeita se esquece tanto de si mesma, volta-se tanto para Deus, entrega-se tanto à vontade divina que sua felicidade consiste em não ter consciência de si própria e suas preocupações... e só querer saber da vontade e verdade de Deus." Em outros momentos, ele se aproxima mais da terra, oferecendo um tipo medieval de "canja de galinha para a alma". Veja, por exemplo, sua reflexão sobre a máxima "só perde quem tem". Eckhart descreve um homem que tem cem dólares e perde quarenta. Quanto mais ele pensar nos quarenta dólares que perdeu, mais ficará angustiado, especialmente "se ficar visualizando e remoendo isso com os olhos cheios de tristeza, falando com sua perda e a perda persuadindo-o como se fossem duas pessoas olhando no rosto uma da outra". Mas, como salienta Eckhart, o homem ainda ficou com sessenta dólares e, se ele só se concentrasse nisso, certamente encontraria algum consolo. Ele poderia "parar de resmungar" e dar graças porque tinha cem dólares, em primeiro lugar!

Às vezes, o conselho de Eckhart traz à mente o lugar-comum da sabedoria de botequim: "Se quer se sentir melhor, não pense em quem tem mais do que você, em vez disso, pense em quem tem menos." (Em outras palavras, "pense em como é abençoado!") Ou: um homem viajando por uma certa estrada cai e quebra a perna. Ele tende a pensar: "Se ao menos tivesse viajado por outra estrada!" Mas é muito melhor pensar: "Se eu tivesse viajado por outra estrada, poderia ter me acontecido algo pior." Em outros pontos, os argumentos de Eckhart lembram o conselho de Filosofia para Boécio: nosso sofrimento provém de "viver no lado de fora das coisas, distante de Deus, e não estar vazio ou inocente das criaturas, não ser como Deus". (É verdade, embora alguns possam encontrar pouco consolo em seu sofrimento nas palavras: "Anime-se! Seja mais como Deus!")

Sem dúvida, há sabedoria em muitos desses argumentos. Quando nos desligamos de nossos sofrimentos, ou os comparamos com os sofrimentos de outras pessoas ou com as nossas bênçãos, podemos de fato obter uma perspectiva mais ampla. E é inegável o efeito da coisa mais trivial dita no momento certo. Certa vez, depois de Dorothy Day dar uma palestra, um homem na audiência lhe agradeceu muito, dizendo que o que ela havia dito mudara a sua vida. Quando Day lhe perguntou o que em particular o havia impressionado, ele respondeu: "Acho que foi quando você disse: 'Nunca é tarde demais para virar uma página'."

Contudo, no fim, é raro o sofredor que encontra consolo adequado em argumentos filosóficos, independentemente de sua fonte ou ingenuidade. Na verdade, a maioria de nós trocaria todo um livro de argumentos por um ato de bondade de um amigo disposto a nos ajudar a carregar nosso fardo.

A experiência do sofrimento pode nos fazer achar que um universo indiferente se voltou contra nós. Até mesmo os mais ferrenhos ateus sentem alívio ao descobrir que não estão sozinhos, que alguém se importa com eles, entende suas tristezas secretas e reage com compaixão. A própria palavra "compaixão" significa "sofrer com". E talvez Eckhart pise em solo mais firme quando deixa de invocar aqueles que estão em uma situação pior e, em vez disso, invoca a compaixão infinita de Deus.

Afinal de contas, o Deus revelado em Jesus não se sentava impassivelmente à parte, sem ser afetado pelo sofrimento do mundo. O caminho de Cristo o levou à cruz, o ponto em que o sofrimento estava geometricamente concentrado. Quando a cruz se torna uma imagem do eixo imóvel do mundo em rotação, isso significa que nossas tristezas e nosso sofrimento não encontram ouvidos indiferentes, mas correspondem a um princípio de misericórdia e compaixão no próprio coração da realidade. Assim, Eckhart nos leva além da consolação da filosofia. "Como Deus está conosco quando sofremos, ele sofre conosco", explica Eckhart. E se, como sabemos, a infelicidade é diminuída pela solidariedade de um amigo, "muito mais consolo encontrarei na compaixão de Deus".

VIDAS DE SANTOS

Nem todos os santos escreveram um tratado sobre o sofrimento. Mas raros foram aqueles que não tiveram a vida profundamente marcada por sua realidade, fosse por perseguição, doença, fome ou privação; morte de amigos e familiares; não-realização de grandes projetos e sonhos pessoais; exaustão devido a trabalho infrutífero ou esperanças malogradas; solidão; o tormento espiritual da acedia ou o que São João da Cruz chamou de "a noite escura da alma". Seria possível contar facilmente suas histórias como uma crônica do sofrimento.

São Paulo realmente se gloriava em seus sofrimentos: "Nós nos regozijamos de termos sido julgados dignos de padecer afronta", exclamou ele. "Recebi dos judeus cinco quarentenas de açoites menos um. Três vezes fui açoitado com varas, uma vez fui apedrejado. Três vezes sofri naufrágio, uma noite e um dia passei no abismo; em viagens muitas vezes, em perigos de rios, em perigos de salteadores, em perigos da minha nação, em perigos dos gentios, em perigos na cidade, em perigos no deserto, em perigos no mar, em perigos entre os falsos irmãos; em trabalhos e fadiga, em vigílias muitas vezes, em fome e sede, em jejum muitas vezes, em frio e nudez..." (2 Co 11:24-27)

Em alguns casos, o sofrimento era apenas o preço do discipulado, em outros, a provação em que a fé era aumentada e testada. E, em várias ocasiões, o sofrimento teve um papel crucial na conversão de um santo ou descoberta de uma vocação.

A primeira biografia de São Francisco de Assis, por exemplo, começa com a descrição de quando era um jovem despreocupado e pródigo que "esbanjava e desperdiçava a sua vida" e "superava seus contemporâneos em vaidade, pompa e vanglória". O momento decisivo chegou com uma doença prolongada, após seu retorno da guerra, que lhe deu tempo para "pensar em outras coisas além daquelas em que costumava pensar". Quando ele se recuperou um pouco e pôde caminhar com o apoio de uma bengala, "foi lá fora e olhou para a paisagem ao redor com grande interesse". Como seu biógrafo Thomas de Celano observou: "Desse dia em diante... ele começou a se menosprezar e a desdenhar um pouco das coisas que antes havia admirado e amado." Houve outros passos que levaram ao seu alegre salto para a pobreza. Mas o notável na história de Francisco é como o sofrimento o colocou em uma posição vantajosa, permitindo-lhe ver o mundo com novo "interesse" e, ao mesmo tempo, projetou uma luz impiedosa na "vaidade" de sua existência anterior.

O sofrimento teve um papel parecido para Santo Inácio de Loyola (1491-1556), o fundador basco da ordem jesuíta. Em sua autobiografia (escrita na terceira pessoa), ele se descreveu, até a idade de 26 anos, como um homem "entregue às vaidades do mundo". Soldado e homem da corte, "apreciava especialmente o exercício das armas". Isso quase acabou com a sua vida quando, durante uma penosa batalha, sua perna foi despedaçada por uma bala de canhão. Embora Inácio tivesse sobrevivido ao ferimento inicial, cuidaram tão mal de sua perna que ela teve de ser operada e recolocada no lugar. Ele suportou esse tratamento "sem proferir um grito, limitando-se a apertar os punhos". Mas ficou aborrecido porque uma feia protuberância no joelho prejudicava-lhe a aparência. "Decidido a se tornar um mártir de seu próprio prazer", insistiu em ter a perna novamente operada e colocada no lugar, "embora a dor fosse maior do que todas as dores que já sofrera".

Durante sua longa convalescença, Inácio pediu algo para ler, preferivelmente romances de cavalaria. Em vez disso, deram-lhe um livro sobre vidas de santos. A princípio ele leu apenas para espantar o tédio. Mas, pouco a pouco, começou a se interessar por essas histórias de valor espiritual, tão diferentes de seus conceitos anteriores de honra e coragem. Logo se viu pensando: "E se eu fizesse o que São Francisco de Assis e São Domingos fizeram?" Essas fantasias "se alternavam com pensamentos de aventuras mundanas". E, contudo, ele disse que havia uma diferença. "Quando pensava nas coisas do mundo, esses pensamentos lhe davam muito prazer, mas quando se cansava e os punha de lado, descobria que estava árido e descontente. Contudo, quando ele pensava em ir para Jerusalém descalço, sem comer nada além de verduras e se submetendo às mesmas penitências dos santos, não só se consolava com esses pensamentos como também, depois de colocá-los de lado, permanecia satisfeito e feliz." O resultado foi que, quando se recuperou totalmente, Inácio não era mais o mesmo homem, não tinha mais as mesmas ambições. Ele havia abraçado a causa de Cristo.

Há muitas histórias de santos parecidas que ilustram como o sofrimento ou o infortúnio pode vencer a força da inércia em nossas vidas, liberando energias para um novo objetivo. Às vezes uma doença, a perda de um ente querido ou o colapso de uma ambição nos fazem refletir sobre o que está em jogo na vida, e nos levam a uma busca de respostas profundas. Não nos contentamos mais em viver na superfície da Roda.

GUIA ESPIRITUAL

Se o sofrimento não conseguiu mais do que expor o vazio ou a "inutilidade" de nossas vidas, o resultado pode ser desespero. Mas, nas vidas dos santos, realizou algo mais. Não só acabou com suas ilusões como também apresentou novas possibilidades e aumentou sua sensibilidade à presença da graça. Nesse sentido, o sofrimento pode ser um amigo misericordioso e grande guia espiritual. Reconhecendo essa verdade paradoxal, alguns santos chegaram a rezar por uma experiência que os pusesse diante da cruz. Seu objetivo não era o sofrimento em si, mas outro — insight, compaixão, um estado de profunda devoção — que circunstâncias extremas poderiam facilitar.

A história de Juliana de Norwich (1342-1416), reclusa e mística inglesa, é um exemplo notável. Em seu *Revelations of Divine Love* (ou *Showings*), ela descreveu como, na juventude, rezou para ter uma doença grave e mortal, conhecer diretamente a paixão de Cristo e receber as "três chagas" da contrição, compaixão e ânsia por Deus.

Hoje uma oração dessas poderia parecer morbidamente presunçosa. Para uma audiência moderna, decidida a evitar a todo custo a dor, a oração de Juliana apresenta-se totalmente incompreensível. Vale notar que ela sobrevivera à Peste Negra. Vivia em uma época em que o sofrimento era tão real e intenso quanto a fome. Ela se dispôs a conhecer a natureza e o significado do sofrimento em uma experiência pessoal da paixão de Cristo. Em suas próprias palavras, objetivava ser "purgada pela misericórdia de Deus, e depois viver mais para glorificá-lo devido a essa doença".

Juliana acreditou que sua oração tinha sido atendida quando, aos trinta anos, teve uma misteriosa e devastadora doença. Durante quatro dias e noites ficou em um estado de paralisia e dor lancinante. Quando finalmente um padre foi chamado para ministrar-lhe os ritos finais, ele ergueu uma cruz diante de seu olhar parado. Subitamente, toda a dor e o desconforto a deixaram. Naquele momento, Juliana disse que viu Jesus em pessoa e sofrendo. Ele fez um relato vívido de seus sofrimentos físicos, assim como de outros mistérios sagrados. Foi em uma dessas memoráveis visões que Juliana viu o mundo como se fosse uma avelã na mão de Deus e se sentiu mais confiante; independentemente do que nos aconteça, "tudo ficará bem e todas as coisas serão boas".

A visão de Juliana da Paixão de Cristo foi gráfica: "Eu vi o sangue vermelho escorrendo debaixo da coroa de espinhos, fluindo quente, livre e copiosamente, vivo... As grandes gotas de sangue caíam... como as escamas de um arenque." Ela viu a pele de Cristo dilacerada pelos açoites; a "pele delicada", ressecada pela sede, "murchando diante de meus olhos". Mas apesar de toda a dor causada pela observação desse sofrimento, ela contemplou as profundezas do amor, sabendo "porque e por quem" ele sofreu. Isso se tornou para Juliana uma fonte de consolo e júbilo. Enquanto observava a morte de Cristo, "subitamente ele pareceu alegre — o motivo do sofrimento de Cristo é que, em sua bondade, deseja nos tornar herdeiros de sua alegria". Em uma de suas "revelações", Cristo mostrou o seu significado: "Estás satisfeita por eu ter sofrido por ti?... Se estiveres, eu estou. É para mim uma alegria, uma bem-aventurança, um contentamento eterno ter sofrido minha Paixão por ti; e se eu pudesse sofrer mais, sofreria..."

Quando Juliana, contra todas as expectativas, recuperou-se totalmente, escreveu as revelações que foram feitas — não em latim clerical, mas no inglês médio vernacular — e, finalmente, se retirou para uma ermida ligada à Igreja de São Julião e São Hugo, onde quis passar o resto de seus dias refletindo sobre o extraordinário insight que tivera, não só do sofrimento de Cristo, como também de seu significado.

Seu nome se tornou tão conhecido (não sabemos se era esse mesmo; ela o tirou da igreja em Norwich onde residia) que diariamente recebia pelas grades da janela de sua cela visitantes em busca da sabedoria daquela que tinha experimentado da fonte original o modelo supremo de sofrimento e não fora derrotada, mas engrandecida e energizada por ele.

Como as visões de Juliana, do século XIV, poderiam se referir aos nossos próprios sofrimentos? Sua visão mística da Paixão de Cristo refletiu uma idéia tradicional de que Jesus, com seu sofrimento na cruz, "pagou" a dívida do pecado humano. Muitos não acham mais essa linguagem confortadora ou mesmo plausível. Mas a visão de Juliana ia além dessa imagem penal. Para ela, a profundidade do sofrimento de Jesus mostrava a profundidade da compaixão de Deus — a disposição de Deus de *sofrer conosco*. Embora alguns pudessem achar conforto na sabedoria inescrutável de Deus, Juliana salientava a imensidade do amor divino. Ela viu que o sofrimento não tinha a última palavra e, então, obteve um insight da verdade divina de que somos todos "alma e corpo, envolvidos e cercados pela bondade de Deus". Esse — não o desespero e nem a resignação estóica — foi o insight que Juliana obteve por meio de seu sofrimento.

É preciso um pouco de imaginação para dar um passo à frente, considerar nossos próprios sofrimentos um exercício de compaixão — nesse caso, uma oportunidade de *sofrer com Deus* — e, portanto, também uma expressão de amor. É preciso um pouco de imaginação, mas muito amor. Assim os santos nos ensinam.

DIMINUIÇÃO PASSIVA

Nós usamos apenas uma pequena parte de nosso cérebro. Temos músculos no corpo que se atrofiam por falta de exercício. De igual modo, há partes de nossa humanidade que permanecem latentes e ocultas até que certas experiências — como se apaixonar, ter um filho ou enfrentar a morte — lhes dão vida. Certamente, o sofrimento é uma dessas experiências. Leon Bloy, o novelista católico francês, escreveu: "Em seu pobre coração o homem tem lugares ainda não existentes e neles entra o sofrimento para lhes dar vida."

Esses lugares ainda não existentes no coração valem o seu preço? Tudo que sabemos sobre o sofrimento não nos torna necessariamente santos ou mesmo bons. O sofrimento também tende a causar amargura, autopiedade e cinismo. É um grave erro imaginar que o sofrimento em si pode ser "bom". Mas pode ser produtivo. Se nossa definição de felicidade exige a escusa total do sofrimento, qualquer dor ou frustração nos impede de alcançar o nosso objetivo. Mas os santos viam seu ideal de modo diferente. A maioria deles endossaria o que Santo Inácio disse em seu *Exercícios espirituais*, que os seres humanos são "criados para louvar, reverenciar e servir a Deus" e assim alcançar a vida eterna. Se cum-

primirmos essa missão, alcançaremos a felicidade. E para alcançá-la o sofrimento não é um obstáculo. Pode até mesmo ser um aliado.

Friedrich Nietzsche escreveu: "O que não me destrói me fortalece." Quanto aos santos, eles não prezavam tanto a força quanto a compaixão. Como o arado abre o solo endurecido para que receba mais água, o sofrimento pode abrir os corações endurecidos para que se tornem receptivos à sabedoria mais profunda. Nas palavras de Diadochos de Photiki, um dos antigos padres do deserto: "Assim como a cera não pode receber a impressão de um selo se não for aquecida ou bem amolecida, um homem não pode receber o selo da santidade de Deus se não for testado por padecimentos e fraquezas." Santa Teresa chamava o sofrimento de "o Caminho Real da Cruz", o caminho percorrido e preparado pelo Cristo Rei. A essa luz, o que não nos destrói nos torna mais capazes de refletir a imagem de Deus.

Pierre Teilhard de Chardin, jesuíta e místico francês, escreveu sobre o impacto construtivo do sofrimento e do fracasso: "As vidas dos santos e, de modo geral, de todos aqueles que se sobressaíram por inteligência ou bondade, são cheias desses exemplos em que a pessoa sai enobrecida, tranqüilizada e renovada de uma experiência penosa, ou até mesmo da ruína, que parecia tender a diminuí-la ou prostrá-la para sempre. Nesse caso, o fracasso tem para nós o papel do leme de profundidade para um avião, ou da podadeira para uma planta. Canaliza a força de nossa vida interior separando os 'componentes' mais puros de nosso ser de modo a nos lançar para mais alto em linha reta."

Como um teólogo e paleontologista, Teilhard tentou conciliar o misticismo cósmico de São Paulo com os insights da evolução e da cosmologia contemporânea. Passou muitos anos explorando o deserto de Gobi, na China, coletando pedras e peças fossilizadas de origens humanas. Sua imaginação científica o levou a ver a vida e o universo da perspectiva mais ampla possível; a explosão de astros, a formação violenta de grandes extensões de terra e as mudanças tectônicas que resultaram em montanhas e cânions. Mas com os olhos da fé, também viu no processo evolutivo um princípio orientador por trás da transição da matéria inanimada para formas de vida primitivas e cada vez mais complexas. Esses organismos, por sua vez, evoluem na direção da consciência, do amor e de formas superiores de energia espiritual.

Teilhard achava possível ver um processo parecido na vida das pessoas, um princípio de humanização que nos permite realizar o nosso maior potencial espiritual — em outras palavras, tornarnos santos. Nesse processo, somos formados não só por nossas escolhas conscientes como também, e talvez até mais, pelo que sofremos involuntariamente. Ele chamava isso de princípio de diminuição passiva. Inclui todas as pequenas desventuras em nossas vidas: "a barreira em nosso caminho, o muro que nos cerca, o micróbio invisível que invade nosso corpo, a pequena palavra que corrompe a mente... todos os incidentes e acidentes que variam em importância e tipo, as interferências trágicas... que surgem entre o mundo das 'outras' coisas e o mundo que irradiamos." Mas também inclui a passagem do tempo, a deterioração gradual da velhice "pouco a pouco nos roubando de nós mesmos e nos empurrando na direção do fim". Teilhard acreditava que somos formados e medidos por nossas derrotas assim como nossas realizações; por nossas fraquezas assim como nossos pontos fortes; pelo que fazemos e suportamos. Tanto a alegria quanto o sofrimento desencadeiam energias que nos conectam com o centro divino da realidade.

O próprio Teilhard conhecia a realização e a capacidade de resistência. As autoridades da Igreja de seu tempo viam com desconfiança seus esforços para conciliar a teologia cristã com a ciência evolutiva. Ele foi acusado de ir contra a doutrina do pecado original e o relato bíblico da criação. Proibido de falar em público ou publicar suas teorias teológicas, trabalhou em uma constante atmosfera de reprovação e ataques à sua ortodoxia. Essas restrições lhe causaram grande sofrimento e, sem dúvida, contribuíram para seus insights sobre diminuição passiva. Somente após a sua morte, em 1955, seus escritos foram publicados. Eles geraram um interesse fenomenal, em um nítido contraste com a obscuridade do trabalho de sua vida inteira.

Entre aqueles tocados pela visão de Teilhard estava Flannery O'Connor, uma jovem escritora católica que vivia na Geórgia. Ela explicou o tema de todas as suas histórias como sendo "a ação da graça em um personagem não muito disposto a suportá-la". Em sua literatura de ficção, O'Connor freqüentemente descrevia personagens que perdiam suas ilusões — fossem de superioridade burguesa, status social, racionalismo presunçoso ou íntimo bom gosto — para obter uma verdade mais profunda sobre seus próprios pecados e sua necessidade de perdão. Autodescrita como uma "tomista do campo", O'Connor sentiu profundamente o desafio de escrever sobre realidades como a encarnação, o pecado original e a redenção para um público para quem essas palavras eram "idiotices" sem sentido. Regularmente, ao escrever para correspondentes que duvidavam de que a fé católica pudesse ser conciliada com a inteligência humana, ela recomendava os escritos de Teilhard. Mas de todo o trabalho de Teilhard, parece que o conceito de diminuição passiva foi o que mais a tocou pessoalmente.

Cedo na vida O'Connor recebeu o diagnóstico de lúpus, a mesma doença degenerativa que havia matado seu pai. Sua sobrevivência dependia de injeções regulares de cortisona que gradualmente deterioraram suas articulações e tornaram difícil caminhar sem muletas. Sua condição a confinou na fazenda produtora de laticínios de sua família, além dos limites de Milledgeville, Geórgia, onde escrevia conforme lhe permitiam suas forças — duas horas pela manhã — e zelava pelos patos, cisnes e pavões que a cercavam.

Ela tinha um bom ouvido para o absurdo e uma capacidade de conciliar o que chamava de o cômico e o terrível. Detestava a piedade sentimental e reagia firmemente contra a tentação dos críticos de se deter em sua história médica ao examinar o seu trabalho. Contudo, sua doença impunha uma disciplina e um estabelecimento de prioridades que ela conseguia usar em benefício de sua arte. Em suas cartas, usava a expressão "diminuição passiva" de Teilhard para descrever uma qualidade que admirava, a aceitação serena de toda aflição ou perda que nenhum esforço tende a mudar. "Eu tenho bastante energia para escrever", disse, "e como, de qualquer modo, é tudo que tenho para fazer, posso, com um olho semicerrado, ver tudo isso como uma bênção. O que você tem de delimitar passa a observar melhor".

Embora a estrutura católica de seus escritos tivesse sido amplamente reconhecida, foi a publicação póstuma de suas cartas que revelou seu caráter e a correspondência profunda entre sua "mensagem" artística e sua própria voz espiritual. O'Connor acreditava que sua principal responsabilidade como artista era para com a sua arte. Mas, como cristã, também via a sua própria vida como uma obra em andamento. O sentido dessa vida não é medido por sucesso exterior. Nossa responsabilidade como seres humanos — repetindo as palavras de Inácio — é "louvar, reverenciar e servir a Deus", usando nossos dons nas circunstâncias que nos são apresentadas. Como observou O'Connor: "A ação criativa da vida do cristão é preparar sua morte em Cristo. Essa é uma ação contínua em que os bens deste mundo são plenamente utilizados, tanto as dádivas positivas quanto o que Teilhard de Chardin chama de 'diminuição passiva'."

Sem dúvida O'Connor "utilizou" esses "bens" — tanto os seus talentos quanto os seus sofrimentos — ao avançar na direção do que chamou de seu "verdadeiro país". Como escreveu para um amigo: "Eu nunca fui em lugar algum além da doença. De certo modo, a doença é um lugar, mais instrutivo do que uma longa viagem à Europa, e é sempre um lugar em que não temos companhia, onde ninguém pode nos seguir."

O'Connor morreu com 39 anos. Em sua breve vida, faltou drama exterior ("Vidas passadas entre a casa e o galinheiro não inspiram histórias excitantes."). Mas embora ela fosse restrita em sua mobilidade, é difícil achar que sua existência foi empobrecida. O'Connor não era mística no sentido comum, mas vivia profundamente do ponto de vista do que chamava de mistério cristão central, o mesmo insight que Juliana de Norwich obteve nas "revelações" divinas: "apesar de todos os horrores deste mundo, Deus achou que valia a pena morrer por ele."

A VONTADE DE DEUS

Uma das consolações "garantidas" de Mestre Eckhart é a que se segue. Ele diz: "O sofrimento não me faz mal se eu o aceito e transfiguro na vontade de Deus. Assim, posso ficar calmo, totalmente confortável e feliz em todas as circunstâncias."

Ao longo da história, pregadores têm dado esse conselho aos pobres e infelizes da Terra. É difícil dizer se isso aumentou o equilíbrio da felicidade humana. Na ausência de alternativas, pode ser consolador, quando enfrentamos terremotos, secas e pestes, invocar a "vontade de Deus". Diante da fome de uma criança, da persistência da pobreza ou do sofrimento de um ente querido com AIDS, podemos encontrar forças para suportar isso se "transfiguramos a dor na vontade de Deus". Ou podemos menosprezar Deus.

Contudo, há uma alternativa à resignação comum. Já mencionamos o trabalho de Jean-Pierre de Caussade, cujo *Abandonment to Divine Providence* recomenda que busquemos a vontade de Deus no momento presente. Ele mostra a dimensão espiritual de todas as nossas atividades diárias: as tarefas e obrigações que devemos cumprir; nossos encontros com outras pessoas. Cada uma dessas realizações é um "sacramento" que transmite a vontade de Deus para nós nesse momento. Viver nesse estado de consciência é estar atento à profundidade sagrada de nossa experiência diária.

Mas essa disciplina é um desafio particular para nós quando sofremos. Falando de um modo simples, é o insight de que nossa atitude espiritual independe de circunstâncias exteriores. Mesmo em meio a grande infortúnio, temos acesso a Deus. É exatamente pela fé que podemos transpor o véu da desventura e tocar em algo constante e verdadeiro. Isso explica a diferença entre os vencidos pelas circunstâncias e os que aprendem a transcendê-las ou, como diz Eckhart, "transfigurá-las".

Poderíamos considerar, como Caussade, o exemplo dos dois ladrões crucificados ao lado de Cristo. Embora suas circunstâncias exteriores fossem idênticas, suas disposições interiores eram bem diferentes. Enquanto um passou seus últimos momentos blasfemando, o outro se dirigiu a Jesus em um espírito de confiança: "Senhor, lembra-te de mim, quando entrares no teu reino." Essa diferença significou que para o primeiro o sofrimento físico era composto de amargura e ressentimento, enquanto o outro foi capaz de transcender sua condição e entrar em contato com a eternidade. Ao que Jesus respondeu: "Em verdade te digo que hoje estarás comigo no Paraíso."

Caussade afirmava não recomendar nada extraordinário, apenas "para você prosseguir com o que está fazendo e suportar o que tem de fazer — mas mudar sua atitude em relação a todas essas coisas. E essa mudança é simplesmente dizer 'sim' a tudo que Deus pede".

Sim? A mente hesita à beira desse precipício temendo os monstros que poderão estar adiante. Alguém poderia pensar em dar esse conselho a prisioneiros políticos ou vítimas do terrorismo? As leitoras imediatas de Caussade eram as Irmãs da Visitação, de quem ele era diretor espiritual. Poderíamos nos perguntar o que essas freiras podiam saber sobre a crueldade da vida, as trevas da história. Contudo, justamente freiras como essas que, em não mais que uma geração, foram condenadas, despidas de seus hábitos e marcharam para a guilhotina.

Ainda assim, hoje em dia, atribuir esse sofrimento à "vontade de Deus" pode parecer estúpido. Onde está a vontade de Deus no Holocausto? No sofrimento dos cambojanos? Na queda do World Trade Center? No bombardeio do Iraque? E no sofrimento de uma criança?

Mas há outro modo de considerar essa expressão. A "vontade de Deus" assume um significado diferente se é mais do que uma frase entoada para justificar as coisas ruins que acontecem. Podemos transpor essas palavras de uma conclusão para um desafio, o de buscar a presença de Deus oculta em todas as situações. Em outras palavras, a "vontade de Deus" não precisa servir como uma bênção sobre nosso destino; Deus não "deseja" que soframos. Em vez disso, é o desafio latente que enfrentamos em — ou apesar de — todas as situações, o de reagir de um modo que testemunha o amor, a justiça e a verdade.

Sheila Cassidy, uma médica inglesa, descobriu esse desafio nas condições mais difíceis. Trabalhando no Chile, no início da década de 1970, foi apanhada pela violenta onda de repressão que se seguiu ao golpe militar. Apesar da ausência de indícios de engajamento político, prenderam-na por tratar de um revolucionário ferido. Junto com milhares de outras pessoas, foi torturada e internada em um campo de prisioneiros. Muitos deles simplesmente desapareceram. No caso de Cassidy, a pressão internacional, finalmente, assegurou sua libertação e expulsão do país. Em sua autobiografia, *Audacity to Believe*, descreveu o poder da tortura de transformá-la em uma bola deformada de medo e dor. Aqueles que sofreram esse trauma ficam marcados para sempre, não só pela lembrança da dor absoluta como também pelo conhecimento do que os seres humanos podem fazer uns com os outros.

Ela escreveu que depois que a tortura cessava e tinha um pouco de espaço emocional para se mover, seu primeiro instinto era gritar para Deus pedindo ajuda, "bater espiritualmente nas grades de minha jaula implorando para ser solta". Então lhe ocorreu uma idéia curiosa. Talvez fosse melhor "erguer minhas mãos vazias para Deus, não em súplica mas em oferecimento. Eu não diria 'Por favor, deixai-me sair', mas 'Eis-me aqui, Senhor, levai-me. Eu confio em vós. Fazei comigo o que quiserdes...' Em minha impotência e prisão, ainda me restava a liberdade de me entregar nas mãos de Deus".

O efeito dessa oração não foi uma mudança instantânea em sua atitude, mas um processo gradual em que ela encontrou a coragem e força necessárias naquela situação. Como disse: "Essa opção de entrega existe para todos os que se encontram presos a situações e é o meio pelo qual os prisioneiros podem transcender seus grilhões. Como um pássaro em uma gaiola, podem escolher bater suas asas nas grades até a exaustão, ou aprender a viver confinados e descobrir, para sua surpresa, que têm forças para cantar."

A situação de um prisioneiro político pode ser excepcional. Mas, mais tarde, como médica em um asilo na Inglaterra, Cassidy descobriu que sua experiência no Chile lhe proporcionara algo em comum com seus pacientes de câncer terminais. Ela compreendia suas perguntas: "Por que eu? O que eu fiz para merecer isso?" Também descobriu que os insights obtidos de seu próprio encontro com o sofrimento se aplicavam a todas as pessoas em situações desesperadoras que não podem mudar. Nós podemos gastar nossa energia em amargura e desespero, "batendo nossas asas" contra a gaiola, ou nos unir em oração a Maria — "Eis aqui a serva do Senhor, cumpra-se em mim segundo a tua palavra" — e descobrir que temos "força para cantar". É uma oração que fazemos acreditando que a vontade de Deus para nós não é a obliteração, mas que neste dia podemos estar com ele — isto é, no Paraíso.

Um padre jesuíta norte-americano, Walter Ciszek, descobriu uma liberdade e serenidade parecidas durante seus anos como prisioneiro no gulag soviético. Padre Ciszek estava em uma missão na Polônia Oriental, no início da Segunda Guerra Mundial, à época da invasão das tropas soviéticas. Sem querer se separar de seu rebanho, acompanhou voluntariamente os operários poloneses deportados para campos de trabalhos forçados na Rússia. Quando descobriram sua identidade, foi preso como espião. Passou cinco anos em confinamento solitário na Prisão de Lubyanka, em Moscou, antes de ser condenado a 15 anos de trabalhos forçados. Cumpriu toda a pena e mais três anos de exílio na Sibéria, antes de ser abruptamente mandado de volta para os Estados Unidos, em 1963.

Durante seus 23 anos de confinamento, Ciszek enfrentou a morte em muitas ocasiões; a crueldade e aflição de sua experiência dificilmente podem ser descritas. Contudo, ele disse que seu maior sofrimento foi lutar mentalmente contra a injustiça de seu destino. Quando se entregou à Providência, convencido de que em todas as situações estava exatamente onde Deus queria que estivesse, teve uma sensação de liberdade e paz. Suas provações passaram a ter um sentido — fosse o conforto espiritual que poderia dar aos outros prisioneiros, o testemunho de seu ministério sacerdotal ou, simplesmente, de um modo misterioso, a identificação com o sofrimento de Cristo. Nesses momentos, ele experimentava um "sentimento de alegria, aquela fé simples e direta que se expressa apenas na confiança [em Deus]".

Mais tarde, Padre Ciszek escreveu que é grande a tentação, quando as coisas não são conforme o planejado, de ficar desapontado e querer fugir: "Esta vida não é o que pensei que seria. Não é o que eu esperava... Perdoai-me, Deus, mas quero voltar." Ele também conheceu essa tentação. Mas seu consolo sempre foi confiar na "vontade de Deus": "Não a vontade de Deus que poderíamos desejar, imaginar ou achar em nosso juízo humano imperfeito que deveria ser. Mas, em vez disso, a vontade de Deus que ele revelou todos os dias nas situações que nos apresentou. Sua vontade para nós apresentava-se nas 24 horas de cada dia: as pessoas, os lugares, as circunstâncias que colocava diante de nós. Essas eram as coisas que Deus julgava importantes para ele e para nós *nesse momento*, e sobre as quais queria que tivéssemos um efeito..."

Durante o tempo em que passou em confinamento solitário em Lubyanka, Padre Ciszek encontrou a força para "renunciar", entregar as rédeas de sua vida a Deus. Ele podia ser um padre na prisão assim como em uma paróquia. Para os outros prisioneiros, tentaria ser uma imagem de misericórdia e perdão, um lembrete da dimensão espiritual da vida em meio ao sistema soviético. Isso sempre seria difícil, mas não impossível. Deus estava lhe pedindo "para ver essas pessoas sofrendo ao meu redor, essas condições na prisão, como trazidas por sua mão e predestinadas por sua Providência".

São muitos os ecos de Jean-Pierre de Caussade nas memórias do Padre Ciszek e seu testemunho dá grande credibilidade ao que poderia ser rejeitado como idealismo religioso: "Deus está em todas as coisas, sustenta todas as coisas e dirige todas as coisas. Discernir isso em cada situação e circunstância, ver a vontade dele em tudo, era aceitar cada situação e circunstância e se permitir ser guiado com total confiança. Nada poderia me separar dele, porque ele era todas as coisas."

Ao escrever sobre a sua provação, Padre Ciszek não mostrou nenhum traço de amargura ou mágoa. Embora sua experiência fosse no mínimo incomum, acreditava que suas lições poderiam se aplicar a pessoas em todas as situações. "Para cada um de nós, a salvação significa nada mais nada menos do que carregar diariamente a mesma cruz de Cristo, aceitar o que cada dia traz como a vontade de Deus, oferecendo a Deus a cada manhã todas as alegrias, os trabalhos e os sofrimentos desse dia." Ele descobriu que era possível ser feliz mesmo em uma cela de prisão, em um campo de trabalhos forçados siberiano. O segredo era simplesmente viver cada momento com uma percepção de objetivo e responsabilidade, determinado a encontrar em cada situação e pessoa o caminho para Deus. Ele não o procurou em vão: "Ninguém pode conhecer paz maior, ninguém pode estar mais comprometido, ninguém pode ter um sentimento de realização maior na vida do que quem acredita nessa verdade de fé e tenta diariamente colocá-la em prática. Se tudo isso parece simples demais, você só tem de experimentá-lo para descobrir o quanto é difícil. Mas você também só tem de experimentá-lo para encontrar a alegria e a paz que a felicidade pode trazer."

LENDO A NOSSA HISTÓRIA

Uma coisa é buscar o caminho da santidade e felicidade que está no momento presente. Mas nossas vidas são mais do que uma sucessão de momentos presentes. Também há um arco de narrativa em nossa experiência, uma história que pode ser contada sobre nossas vidas, marcada por sofrimento, mas o sofrimento não é seu tema. Esse insight pode ajudar a responder à inevitável pergunta: qual é o sentido de meu sofrimento? Talvez nossa visão seja estreita demais. Em vez disso, devemos buscar o sentido de nossa existência.

É difícil observarmos as nossas vidas como um todo se limitamos nosso exame ao "momento presente". Em meio à angústia, podemos não ver nada além de um vácuo, uma sensação de total solidão. Quando sofremos, tendemos a achar que Deus nos abandonou. Se ele estivesse fazendo o seu trabalho, não estaríamos sofrendo agora. Esta foi a queixa que Maria de Betânia, a irmã de Lázaro, dirigiu a Jesus: "Senhor, se tu estivesses aqui, meu irmão não teria morrido." Mas se eu vejo a minha vida como uma história que está acontecendo agora, acreditando que em algum nível também é a história de Deus, sei que seu sentido não será encontrado em um ou outro momento — e tampouco no melhor ou pior momento — mas na forma da própria história. Lázaro realmente morreu, mas não foi abandonado por Deus, e sua morte não teve a última palavra.

Talvez Santo Agostinho tenha sido o primeiro a ver a sua vida desse modo — não como uma sucessão de episódios distintos, mas como um texto a ser verificado e examinado como material para reflexão espiritual. Ele observou seu passado do ponto de vista de sua conversão, o ponto principal em sua vida. A essa luz, pôde discernir a mão providencial de Deus, cuidando dele e o guiando na direção de sua felicidade, mesmo nos momentos de tropeços moral e psicológico, quando seu pensamento estava longe de Deus: "Vós estáveis me guiando tal qual um timoneiro guia uma embarcação, mas vosso curso estava além de minha compreensão." Até descobrir Deus, ele buscara a felicidade na amizade, no prazer, no status e no aprendizado. Mas seu aparente sucesso era sempre obscurecido por tristeza e sofrimento. Algo faltava; algo estava perdido que ele não conseguia identificar. Contudo, como percebeu mais tarde, nunca estivera realmente só, porque "o tempo todo, bem acima, vossa misericórdia sempre pairou sobre mim".

Quando o sofrimento nos domina, nada mais parece existir. A dor atual, a perda ou traição assumem as proporções do Himalaia. Mas falta-nos perspectiva para ver como o fechamento de um caminho pode abrir outro. O que parece ser o colapso de nossas esperanças e nossos planos pode ser uma ocasião para uma nova oportunidade. No inverno, o solo parece morto. Mas essa é apenas uma máscara temporária da natureza. Assim, com fé, podemos aprender a ver que aquilo que parece morto sempre precede uma nova vida, que "a menos que uma semente caia no chão e morra não produzirá qualquer fruto". Em todas as vidas há derrotas e perdas que parecem, pelo menos a curto prazo, calamitosas. Mas os santos acreditavam que há uma providência que guia nossos passos, mesmo quando nos leva para onde não iríamos.

Carlo Carretto (1910-1988) era um membro dos Irmãozinhos do Evangelho, uma ordem baseada na espiritualidade de Charles de Foucauld. Os Irmãozinhos vivem em pequenas comunidades entre os pobres e esquecidos do mundo, dessa forma imitando Cristo em seus anos "ocultos" como um carpinteiro em Nazaré. Quando, com 44 anos, Carretto se uniu aos Irmãozinhos, já tivera uma longa carreira pública como um líder do movimento jovem católico na Itália. Para muitos de seus amigos, sua fuga para o deserto significou um afastamento inexplicável de uma vida de serviço dinâmico e produtivo. Ele explicou que se sentira compelido a atender a um chamado de Deus: "Não são os seus atos que eu quero; quero suas orações, seu amor." Por isso, ele se uniu ao noviciado dos Irmãozinhos, na Argélia.

Seus primeiros anos no Saara foram alguns dos mais felizes de sua vida. A pobreza, a solidão, a atmosfera de oração — ele absorveu tudo isso. Contudo, Carretto nutria uma ambição secreta. Sempre tivera paixão por montanhismo. Sonhava em estabelecer uma comunidade dos Irmãozinhos nos Alpes para ajudar equipes de salvamento no Matterhorn. Era um sonho inócuo, mas subitamente destruído como que por uma avalanche. Durante uma árdua caminhada pelo deserto, Carretto aceitou o oferecimento de um amigo para injetar nele um remédio para uma doença de pouca importância. Mas houve um erro terrível. O amigo de Carretto pegou o frasco errado e injetou em sua coxa um veneno paralisante. Durante a noite, sua perna se tornou imprestável. Ele ficou aleijado pelo resto de sua vida.

Como qualquer um nessas circunstâncias, Carretto ficou a princípio estupefato, sem compreender. Por que e como Deus podia permitir que uma coisa dessas acontecesse com seu servo? "Eu vim para cá para servi-lo", pensou, "e tudo que ele parece fazer é zombar de mim e me transformar em um aleijado".

Contudo, trinta anos depois, Carretto descreveria aquela injeção errada como uma graça. "Sim, foi má sorte. Foi um infortúnio. Mas Deus o transformou em uma graça." Incapaz de escalar, ele obteve um jipe e se tornou um metereologista. "Embora não por vontade própria, lá estava eu no lugar ao qual pertencia: no deserto. Em vez de avançar com dificuldade pela neve eu avançava pela areia... A vida subitamente me pareceu como era, um imenso êxodo pessoal... O infortúnio me havia atirado em novos caminhos."

Onde encontrar Deus na história de Carretto? No papel de um negligente espectador que viu, sem nada fazer, um acidente destruir os sonhos de um homem e o deixar aleijado? Ou na graça que levou Carlo Carretto da amargura e do desespero a um novo estado de aceitação? Quando o bem advém do mal, aos olhos da fé essa é a assinatura inconfundível de Deus. E, portanto, as instruções dos santos para a felicidade não se desvia do tema do sofrimento. Como observou Carretto: "Eu sei disso por experiência própria. Você pode ser feliz com uma perna aleijada. Muito feliz. Em minha experiência, as feridas da pobreza e do sofrimento produzem um mel especial, muito precioso e muito doce. É o mel das Beatitudes proclamadas por Jesus no Sermão da Montanha. Eu provei esse mel e me convenci da racionalidade do Evangelho, dos motivos para tantas coisas misteriosas."

TODO O CÁLICE

Ser cristão significa aprender a ver a própria vida iluminada pela história de Jesus. Quando estudamos essa história, percebemos que seu sentido não pode ser reduzido a um simples conjunto de doutrinas ou máximas éticas. Tampouco o encontramos apenas em certos "mistérios gloriosos" da vida de Jesus: as bodas de Canaã; a multiplicação dos pães e peixes; a caminhada sobre a água; ou mesmo a ressurreição de Lázaro. Ele também é revelado na dor da rejeição, na traição e no abandono de amigos, na solidão no jardim, na angústia do suar sangue... em toda a história.

O próprio Jesus percebeu que as alegrias e os sofrimentos da fé se misturavam de um modo inseparável. Em certa ocasião, a mãe de dois de seus discípulos lhe pediu um favor: que em seu "reino" um filho pudesse se sentar à sua direita e o outro à sua esquerda. Jesus respondeu: "Não sabeis o que pedis. Podeis vós beber o cálice que eu hei de beber?" (Mt 20:20-23) Beber o cálice é aceitar tudo que contém, amargo e doce, tristeza e glória.

Este texto bíblico inspirou um dos últimos livros do holandês Henri Nouwen. Em *Podeis beber o cálice?*, ele começa meditando sobre o cálice usado na missa, lembrando-se daquele que seu tio, um bispo, lhe dera por ocasião de sua ordenação. Durante suas meditações, o cálice se torna um símbolo maior da própria vida, aquela que somos chamados a aceitar, com todas as suas contradições. Seu conteúdo está tão inseparavelmente misturado que só temos acesso à felicidade se aceitamos todo o cálice. Essa foi a lição da própria vida de Nouwen.

Depois de vir da Holanda, na década de 1960, para estudar psicologia na América, ele ensinou em uma série de escolas de renome: Notre Dame, Yale, Harvard. Seus livros — mais de sessenta — lhe deram muitos seguidores dedicados. À época de sua morte, em 1976, era um dos escritores espirituais mais influentes do mundo, com sua popularidade ampliada por sua disposição de partilhar sua própria luta e sensação de desalento. Ele não se apresentava como um "mestre espiritual", mas, conforme o título de um de seus primeiros livros, como um "ferido que cura".

Aqueles que o conheciam sabiam o quanto suas feridas eram profundas. Ao contrário do jovem Agostinho, ele já era um cristão devoto e praticante. Contudo, sentia uma inquietude e ansiedade parecidas em relação ao seu lugar no mundo. Era afligido por uma necessidade incomum de afeição e afirmação; parecia haver um vazio interior que não podia ser preenchido.

Nouwen tinha um grande dom para a amizade e, onde quer que fosse, plantava as sementes da comunidade. Ainda assim, algo o tirava de um lugar e levava para outro: um mosteiro trapista, missões na América Latina, a idéia de servir como capelão para uma trupe circense itinerante. O tempo todo a admiração de sua audiência só acentuava sua sensação de isolamento. Com emoção, escreveu sobre as tentações que Cristo enfrentou no deserto: ser "relevante, poderoso e espetacular".

Foi então que chegou o momento decisivo em sua vida. Ao longo dos anos, visitara várias comunidades L'Arche, na França e no Canadá. Lá, pessoas deficientes viviam com hábeis ajudantes. Em 1986, recebeu um convite formal da Daybreak, a comunidade L'Arche em Toronto, para se tornar seu pastor. Era a primeira vez em sua vida que recebia um convite tão formal. Apreensivo, aceitou. Daybreak se tornou seu lar pelo resto de sua vida.

Aquilo era diferente de tudo que Nouwen conhecera. Ele vivia como os outros membros da comunidade, em uma casa com pessoas deficientes. Foi encarregado de cuidar do adulto com deficiência mais grave, um jovem chamado Adam, que não conseguia falar ou se mover sozinho. Nouwen passava horas todas as manhãs banhando, vestindo e alimentando Adam. Alguns de seus antigos admiradores se perguntavam se ele não estava desperdiçando seus talentos. Mas Nouwen descobriu que essa era uma oportunidade para uma conversão interior profunda. Adam não se impressionava com os livros, a fama ou genialidade de Nouwen como orador. Porém, por intermédio desse homem mudo e indefeso, Nouwen começou a entender o significado de ser o "amado" de Deus.

Mas esse não foi o fim de sua luta. Após seu primeiro ano em Daybreak, Nouwen sofreu um colapso nervoso, sem dúvida a culminância de tensões havia muito reprimidas. Durante meses, mal pôde falar ou deixar seu quarto. Agora era ele o indefeso que suplicava mudamente por uma afirmação de sua existência. Como mais tarde descreveu isso: "Tudo desabou — minha auto-estima, minha energia para viver e trabalhar, minha sensação de ser amado, minha esperança de cura, minha confiança em Deus... tudo." Foi uma experiência de escuridão total, um "abismo sem fundo". Naqueles meses de angústia, freqüentemente ele se perguntava se Deus era real ou apenas um produto de sua imaginação.

Posteriormente, escreveu: "Agora sei que quando eu me sentia completamente abandonado, Deus não me deixou só." Com o apoio de amigos, ele pôde sair da crise mais inteiro, em paz consigo mesmo e, acima de tudo, com uma confiança profunda no que chamou de "a voz interior do amor", uma voz que o chamava para "além dos limites de minha curta vida, onde Cristo é tudo em todos".

Quem visitasse Daybreak poderia a princípio ficar chocado com o sofrimento de tantos membros da comunidade. Adam, o amigo de Nouwen, tinha ataques assustadores. Outros carregavam fardos pesados, físicos ou psicológicos. Esses sofrimentos e essas tristezas eram uma realidade que não podia ser atenuada. Contudo, para aqueles que tornaram a comunidade o seu lar, obviamente o sofrimento não era a única realidade. Também havia celebração, intimidade e companheirismo, uma sensação de segurança e aceitação que são parte de qualquer família. Foi preciso discernimento para ver que a alegria e a tristeza estavam misturadas — ou, em vez disso, que a alegria estavam oculta na tristeza. Segundo Nouwen, "de algum modo minha vida na Daybreak me deu olhos para descobrir alegria onde muitos outros só vêem tristeza... A tristeza ainda está lá, mas algo mudou quando eu não mais me sentei em frente das outras pessoas e me sentei com elas, partilhando um momento de união".

Quando olhamos para a vida de Henry Nouwen — ou para qualquer vida — à luz do Evangelho, podemos perguntar: "Onde está Deus nessa história? Temos de olhar não só para as realizações e glórias de Nouwen como também para os seus momentos de sofrimento e dor. Todos foram parte de uma história que em última análise trouxe uma mensagem de graça, a mesma que Nouwen atribuiu a Jesus, a de que "a alegria e a paz verdadeiras só podem ser encontradas quando não nos desviarmos da dor e da morte, mas passarmos diretamente por elas".

UM FATO E UM MISTÉRIO

Em *A cidade de Deus*, Santo Agostinho apresentou uma relação de vários tipos de sofrimento que começava com "o amor a satisfações fúteis e prejudiciais e seus resultados: ansiedade constante, agitação mental, desapontamento, medo, alegria frenética, briga, disputa, guerra, traição, ódio" e assim por diante. Ele continuou relacionando o "medo de desastres", todos os tipos de perdas ocasionadas pelas "fraudes e mentiras dos homens", para não mencionar as temidas ("e incontáveis") calamidades que não são causadas pelos seres humanos, inclusive "os extremos de calor e frio; tempestades e enchentes; trovões, raios e granizo; terremotos e mudanças na Terra; o pavor de ser esmagado por prédios caindo, ou de mordidas de animais selvagens, acidentes súbitos...". Essa relação, quase exaustiva, continua por várias páginas.

Na verdade, o fio do sofrimento está tão entrelaçado no tecido de nossa existência que, se fosse puxado, o resto se desfaria a ponto de não ser reconhecido. Nós aprendemos a andar tropeçando e caindo. Nosso progresso é dificultado por impasses e desapontamentos, dos quais ninguém pode escapar totalmente. A doença e a dor, física ou mental, é inevitável. Se somos poupados de uma doença grave, ela atinge aqueles que estão perto de nós e sentimos sua angústia. Com o nosso primeiro amor por um animal de estimação, aprendemos sobre a perda e a tragédia, e as lições não se tornam mais fáceis com o correr do tempo.

Todos esses fatos podem parecer óbvios. Ainda assim, dentro da cultura de riqueza e "direito", é possível imaginar que o sofrimento é de algum modo extrínseco à existência humana, um infeliz acidente que acontece a outras pessoas. Mas esse subterfúgio não nos leva muito longe.

O sofrimento é um fato. A questão importante é como o enfrentamos. A exemplo do que escreveu Thomas de Kempis em *A imitação de Cristo*: "A cruz sempre está pronta e o espera em todo lugar. Você não pode escapar dela, não importa para onde fuja; porque para onde quer que vá, você sempre carrega e encontra a si próprio." Ele prosseguiu, apresentando estas alternativas: "Se você carregar a cruz de boa vontade, certamente ela o levará para o objetivo que deseja, onde não haverá mais dor... Se você a carregar de má vontade, ela se tornará um fardo mais pesado; mas você precisa carregá-la. Se você rejeitar uma cruz, certamente encontrará outra, talvez mais pesada." De certo modo, as pessoas — inclusive os homens e as mulheres sobre os quais discutimos neste capítulo — que saem de experiências terríveis não só inteiras como também transformadas, representam uma espécie de milagre. Nós não temos a desfaçatez de nos sentir à vontade com uma reafirmação de que o sofrimento é realmente "bom". Aqueles que sofrem precisam de compaixão e solidariedade prática, não de soluções fáceis para o "problema" do sofrimento.

Contudo, podemos repetir o que os santos aprenderam por experiência própria. Identificando seu sofrimento com a cruz de Cristo, encontraram mais do que consolo; encontraram um modo de transfigurar seu sofrimento, ligando-se intimamente ao amor de Deus e compassivamente ao próximo. Talvez essa seja a lição mais perturbadora dos santos, porém a mais crucial, em nossa consideração da felicidade. Nós temos um controle limitado sobre as circunstâncias de nossas vidas. Mas temos o poder de escolher nossas atitudes em cada uma delas. Assim como podemos ser infelizes em meio ao conforto e luxo, podemos — como nos mostram os santos — ser felizes em meio ao sofrimento.

Os antigos padres da Igreja gostavam de usar a imagem de uma ratoeira para descrever como Deus, usando Jesus como "isca", conseguiu pegar Satanás. Essa é uma imagem simples que encobre um pouco a realidade chocante da morte na cruz. Mas reflete a experiência daqueles santos que, em seu sofrimento, tentaram seguir o modelo de Cristo. Isso também pode se aplicar a nós em nosso sofrimento.

A ratoeira foi armada. Mas não estamos presos. A parte mais profunda de nós está bem distante, em nosso verdadeiro país, além da terra do trovão, do frio intenso e dos "prédios caindo", no centro imóvel do mundo em rotação.

CAPÍTULO 7

Aprender a morrer

Não procure a morte. Ela o encontrará. Mas procure o caminho que torna a morte uma realização.

— Dag Hammarskjöld

Deus destina todos — reis, senadores, os poderosos da Terra, ricos, pobres, homens livres, escravos, grandes e pequenos, sábios e tolos — à morte, e depois da morte ao julgamento. Mas os modos de morrer não são os mesmos.

— Santo Apolônio

DE UM CERTO PONTO DE VISTA, é impossível conciliar a felicidade com a idéia, muito menos a realidade, da morte. A propensão a se fixar na morte é um dos sintomas da melancolia. Aqueles em suas garras tendem a ver uma nuvem em todo céu, a sombra da mortalidade por trás de cada rosa. Geralmente essas pessoas não são as melhores companhias. Em oposição a cada boa notícia, constantemente nos lembram: "Sim, mas no futuro todos nós estaremos mortos." E, se isso não fosse verdade, não seria um balde de água fria.

É claro que no extremo oposto há um otimismo maníaco que nega qualquer consciência da mortalidade. Nós o vemos em comerciais na televisão ambientados na terra da juventude eterna ou nos rostos de pessoas que se exercitam freneticamente em academias de ginástica. Segundo essa visão, tudo o que importa é que estamos vivos hoje. E, contanto que evitemos ser fumantes passivos e tenhamos uma "alimentação saudável para o coração", continuaremos assim indefinidamente. Mas isso não nos leva mais longe. A vida real não é uma "fantasia de imortalidade"; sempre é uma vida em face da morte. Evitando essa realidade, podemos não mudar a nossa cota de dias, mas pagar um preço: ilusão, medo, incapacidade de medir a profundidade da vida ou entender seu sentido interior.

A morte não é apenas uma possibilidade futura — seja distante ou iminente. Está entrelaçada com o nosso ser desde a primeira vez em que respiramos. Como disse Santo Agostinho: "Desde a hora em que uma pessoa passa a existir neste corpo em que está destinada a morrer, é envolvida o tempo todo em um processo cujo fim é a morte... Se cada pessoa começa a morrer, isto é, a estar 'em morte', no instante em que a morte acontece nela, então todos estão em morte a partir do momento em que começam sua existência física."

A essa luz, estaríamos errados em ver a morte como o ponto final em uma linha de outro modo reta. Em vez disso, como um ponto de interrogação que determina o caráter de uma frase, a morte é uma dimensão de tudo que a precede. Transforma nossa própria existência em uma questão. Mas nós tentamos evitar ou adiar essa questão. Como observou Pascal: "Sendo incapazes de remediar a morte, a miséria e a ignorância, os homens decidiram, para ser felizes, não pensar nessas coisas." Mas nesse caso o que consideramos felicidade é apenas uma espécie de desespero adiado.

Leon Tolstoi apresentou um relato clássico dessa desculpa inútil em *A morte de Ivan Ilitch*, a história de um homem cuja vida não o havia preparado adequadamente para sua morte iminente. Ivan Ilitch, o herói da história, é um juiz que dedicou sua vida a pouco mais do que progredir em sua carreira. Mas exatamente quando ele atinge o pináculo do sucesso, uma doença misteriosa o obriga a encarar sua mortalidade.

> Ivan Ilitch via que estava morrendo, e o desespero não o deixava mais. Sabia, no fundo de seu coração, que morria, mas não só não se acostumava com isso como simplesmente não o compreendia e não o aceitava. O silogismo que aprendera na lógica de Kiesewetter, "Caio é um homem, os homens são mortais, logo Caio é mortal", sempre havia lhe parecido correto em relação a Caio, mas não em relação a ele. Esse Caio — um homem genérico — era mortal e, nesse caso, isso era totalmente justo. Mas ele não era Caio, sempre fora um ser absolutamente distinto dos demais... "Caio é realmente mortal, e está certo que morra; mas quanto a mim, Vánia, Ivan Ilitch, com todas as minhas idéias e emoções, o caso é bem diferente. Não é possível que eu tenha de morrer. Seria por demais terrível."

A verdadeira felicidade não pode se basear na determinação de evitar pensamentos tristes. Isso seria como dizer que vivemos em uma terra onde o sol brilha eternamente, exceto quando chove. Se nossa felicidade é mais do que uma ilusão, deve trazer consigo uma capacidade de encarar a morte — não apenas a morte que virá para Caio, ou outro homem mortal, "mas para mim, Vánia". Na medida que podemos encarar a morte sem medo ou negação, também podemos começar a encarar a vida sem medo; de fato, esse é o início da felicidade.

Ainda assim, *há* algo terrível na situação de Ivan Ilitch, e mais do que terrível — realmente absurdo — se a morte é simplesmente o Fim. Se a felicidade dos santos teve uma base mais firme, é porque não viam a morte como o Fim (exceto em um sentido relativo), mas como uma passagem para algo novo. Dietrich Bonhoeffer, um teólogo alemão executado pelos nazistas por suas atividades de resistência, certamente tinha essa convicção. Depois de ser condenado à forca na prisão de Flossenberg, virou-se para seus companheiros e disse: "Este é o fim — para nós, o começo da vida."

Afinal de contas, os santos acreditavam na "vida do mundo porvir". Hoje, para muitas pessoas, esta expressão do Credo de Nicéia não é uma resposta, mas um obstáculo. Embora os cristãos reafirmem da boca para fora a mesma crença na igreja todos os domingos, o conceito de vida eterna tem tanta relação com nossa experiência normal quanto castelos no ar. Talvez seja porque imaginamos que a vida eterna é uma recompensa futura após todo o nosso sofrimento na Terra. Como tal, não é mais do que o fim de um livro de histórias, o equivalente a viver "feliz para sempre". Mas os santos que dedicaram suas vidas a orar e servir, ou carregaram voluntariamente a cruz da perseguição, não foram motivados apenas pela esperança de recompensa futura. Eles acreditavam na vida eterna porque, de certo modo, entraram em contato com ela.

SIM À VIDA

Se for para aprendermos com os santos como morrer — especialmente aqueles de nós cuja fé não é tão forte — é um erro passarmos prematuramente para o tema da vida eterna. É até mesmo um erro começarmos com a morte, porque a atitude dos santos em relação à morte era um resultado de sua atitude anterior em relação à vida.

Em um dia comum, quando o sol está brilhando, tendemos a ver a morte como um acidente isolado, um terrível mistério que põe em dúvida a estabilidade de nossa vida. Contudo, se a morte não é um acidente, mas um aspecto inevitável de estar vivo, o verdadeiro mistério é o fenômeno maior da existência. Em outras palavras, a pergunta não é simplesmente "Por que morremos?", mas "Por que vivemos?". Nossa resposta determina tudo sobre como vivemos e encaramos a realidade da morte.

Dag Hammarskjöld, o secretário-geral das Nações Unidas morto em um acidente de avião em 1961, tinha um diário particular, um registro de sua vida interior, que foi publicado postumamente sob o título *Markings*. Ele revelou a jornada espiritual que sustentou silenciosamente sua vida de serviço público. Em certo ponto, observou: "Eu não sei Quem — ou o Quê — fez a pergunta, não sei quando foi feita. Nem mesmo me lembro de tê-la respondido. Mas em algum momento realmente disse *Sim* a Alguém — ou Algo — e daí em diante tive certeza de que a existência era significativa e, portanto, a vida tinha, na auto-entrega, um objetivo.

Geralmente a fé não começa com um conjunto de axiomas sobre "as quatro últimas coisas" — morte, julgamento, céu e inferno — para usar uma expressão um dia familiar. Tampouco se apóia em um conjunto de provas da existência de Deus. É mais provável que comece com um *Sim* dito a Alguém — ou Algo — até agora pouco conhecido, o que por sua vez implica uma certa confiança em que a vida tem um sentido e objetivo. A partir desse ponto é nossa função descobrir quem é esse Alguém e o que o nosso *Sim* envolve.

Para os santos, esse sentido é revelado, em parte, na vida, morte e ressurreição de Cristo. Se a ressurreição de Cristo revela o sentido e objetivo da vida, é porque revela algo basicamente verdadeiro sobre a natureza da realidade: que Deus suprimiu os limites de nossa existência, que o amor é mais forte do que a morte... Portanto, respondendo a essa realidade com um fundamental *Sim*, os santos não estavam meramente investindo na hora de sua morte; seu *Sim* foi essencialmente uma atitude dirigida à vida no presente. Baseou-se no insight e na experiência de que uma vida nova só começa quando a vida antiga termina.

MORRENDO, NÓS VIVEMOS

Se foram os apóstolos Simão e André, que abandonaram suas redes de pescar na praia, ou os aspirantes a discípulos, a quem foi dito "deixa aos mortos o enterrar os seus mortos", ou a adúltera perdoada e aconselhada simplesmente a não mais pecar, ninguém seguiu Jesus sem deixar algo para trás. Nisso se baseou o comentário de Bonhoeffer: "Começa assim; a cruz não é o fim terrível para uma vida temente a Deus e feliz, mas nos encontra no início de nossa comunhão com Cristo. Quando Cristo chama um homem, Ele o convida para vir e morrer."

Bonhoeffer escreveu essas palavras em um livro publicado justamente quando os nazistas estabeleciam o Terceiro Reich. Seus comentários prefiguraram sua posterior resistência a Hitler e o preço que pagou por isso nos últimos dias da Segunda Guerra Mundial. Em outras circunstâncias, ele poderia ter formulado suas observações mais positivamente, porque sempre que os discípulos deixaram algo para trás — se propriedade, morte ou pecado — foi por amor a algo infinitamente mais valioso. ("O reino dos céus é semelhante a um tesouro escondido num campo, que um homem achou e escondeu; e, pelo gozo dele, vai, vende tudo quanto tem e compra aquele campo." [Mt 13:44])

A interligação de morte e vida é um tema freqüente nas cartas de São Paulo. Já nesta vida, argumenta ele, o discípulo morreu e ressuscitou para uma nova vida em Cristo: "Sabemos que o nosso homem velho foi com ele crucificado... Mas se já morremos com Cristo, cremos que também com ele viveremos." (Rm 6:5-6). Em outra parte, ele escreve: "Pensai nas coisas que são de cima, e não nas que são da terra; porque já estais mortos, e a vossa vida está escondida com Cristo em Deus... Revesti-vos, pois, como eleitos de Deus, santos e amados, de entranhas de misericórdia, de benignidade, humildade, mansidão, longanimidade... E, sobre tudo isto, revesti-vos de amor." (Cl 3:2)

A imagem de morrer e ressuscitar com Cristo, não apenas na hora da morte mas *hoje*, neste momento, é a chave para o sacramento do batismo, o rito central da iniciação cristã. Sabe-se que o poder dramático do rito é atenuado quando representado por algumas gotas de água na testa de uma criança. Observadores poderiam presumir que essa cerimônia é algum tipo de ritual de purificação. Mas estariam errados. Na verdade, é uma reencenação simbólica da morte e ressurreição de Cristo.

Certamente essa mensagem era mais vívida para os primeiros cristãos, que se reuniam em segredo na escuridão da vigília pascal para um período de oração, jejum e solene discernimento. Com sua imersão nas águas do batismo, os catecúmenos (novos cristãos) marcavam sua morte para o pecado — todos os poderes do desejo e apego que os arrastavam para baixo — e seu renascimento para uma nova vida, como novas pessoas, inspiradas por novos valores. Como observou São Paulo: "Ou não sabeis que todos nós que fomos batizados em Jesus Cristo fomos batizados na sua morte? De modo que fomos sepultados com ele pelo batismo na morte; para que, como Cristo foi ressuscitado dentre os mortos, pela glória do Pai, assim andemos nós também em novidade de vida." (Rm 5:3-4)

Ao receber o batismo, os primeiros cristãos tinham uma vívida sensação de que estavam morrendo para "o mundo", aceitando valores que os faziam parecer tolos ou loucos, se não subversivos. Afinal de contas, estavam proclamando sua união com um Salvador crucificado, uma escolha que poderia significar ter o mesmo destino do Salvador: prisão, tortura, morte ignominiosa. Mas essa morte só era a culminação de um processo anterior voluntário de morrer para o egoísmo e o pecado. Nas palavras de São Paulo: "Como morrendo, e eis que vivemos." (2 Co 6:9)

Até mesmo perto do fim da era da perseguição, os padres se aventuraram no deserto buscando sacrificar suas vidas em uma arena diferente. Morrendo para suas paixões e os valores de um mundo que, até mesmo na Era Cristã, consideravam marcado pela avareza, luxúria e sede por poder, eles buscavam "andar em novidade de vida". Esse impulso foi preservado na tradição monástica posterior, mantida até hoje.

Isso se reflete na descrição de Thomas Merton de seu primeiro retiro na Abadia de Gethsemani, o mosteiro trapista em Kentucky que mais tarde se tornou seu lar. Ele escreveu que, da galeria de visitantes na capela, notou um jovem vestindo "roupas não-religiosas", que se sobressaía entre os monges do coro em seus hábitos brancos. Ele era um postulante, alguém no estágio inicial de se tornar um monge. Então, um dia, o jovem deixou de se sobressair: "Ele estava de branco. Tinham lhe dado um hábito de oblato, e não se podia mais distingui-lo dos outros. As águas haviam se fechado sobre a sua cabeça, e ele fora submergido na comunidade. Havia desaparecido. O mundo não ouviria mais falar nele. Tinha morrido para a nossa sociedade e se tornado um cisterciense."

Nem todas as conversões são marcadas por um rompimento tão abrupto com o mundo exterior. A mudança imediata mais freqüente é basicamente interna. E, contudo, o elemento de morte não é menos real. Santo Agostinho, com ironia característica, e hesitante em um momento crítico de sua fé, ele se descreve como contido pelas vozes de todos os seus pecados. "Não nos abandone!", gritavam em desespero, já lamentando sua morte iminente. Pensando bem, ele percebe que essa morte para o pecado não é apenas um fim mas também um começo: "Eu estava tendo uma morte que me traria à vida."

Exemplos desse tipo nos fazem lembrar que para os santos, não menos do que para o resto de nós, a vida e a morte se relacionam em muitos níveis, bem antes de enfrentarmos a questão da morte física e do que quer que haja além dela. Não é a morte, mas a insensibilidade, que deveríamos temer. Sem dúvida há modos de viver que levam à insensibilidade. Mas, misteriosamente, ao mesmo tempo há um modo de morrer que nos leva a uma vida mais autêntica. A morte e ressurreição de Cristo revelam uma espécie de código gravado na vida de fé. Quando aprendemos a ler esse código, deixamos de ver a morte apenas como o inimigo ou Fim, porque com os olhos da fé vemos que todas as situações em que nos encontramos são um caminho que leva a uma vida nova e maior. E a essa luz torna-se mais fácil ver que, mesmo em face da morte física, Deus nos forneceu esse caminho.

ACREDITANDO NO PEGADOR

A morte súbita de Henri Nouwen, em 1996, com 64 anos, pegou seus amigos e familiares de surpresa. Ele morreu de um ataque cardíaco quando de passagem por Amsterdã para trabalhar em um documentário em São Petersburgo. Houve várias ironias em sua morte, a culminância de um ano "sabático" de seu trabalho como capelão na comunidade Daybreak, em Toronto. Entre elas, o fato de um homem tão afligido durante toda a sua vida por uma sensação de desamparo ter morrido em sua cidade natal, cercado no fim por seu pai de noventa anos e seus irmãos. O tema do documentário era sua pintura favorita: *A volta do filho pródigo.*

Mas talvez a surpresa não devesse ter sido tão grande. A obra póstuma de Nouwen, *Sabbatical Journey*, contém várias evidências da terrível fadiga que o puxava para trás mesmo quando sua energia e inquietude o empurravam para a frente com planos, projetos e a busca por respostas mais profundas. É difícil acreditar que ele não tenha sido dirigido para o ponto culminante de uma experiência — fosse uma ruptura ou um colapso, ou as duas coisas. Contudo, seus amigos *ficaram* surpresos — mesmo aqueles que viajaram para Amsterdã para estar à cabeceira de sua cama. Como disse um deles, "Henri vai *viver*".

De fato, os escritos de Nouwen nos últimos anos de sua vida deixam claro o quanto ele tinha contemplado — e se preparado para — esse regresso ao lar. Em um deles, afirmou: "Quanto tempo viverei?... Só uma coisa me parece clara. Todos os dias deveriam ser bem vividos. Que verdade simples! Ainda assim, merece a minha atenção. Eu ofereci paz hoje? Trouxe um sorriso para o rosto de alguém? Disse palavras de consolo? Deixei de lado a minha raiva e os meus ressentimentos? Perdoei? Amei? Essas são as verdadeiras perguntas! Devo acreditar que o pouco amor que semeio agora dará muitos frutos, aqui neste mundo e no que há de vir."

Esses pensamentos não eram fortuitos. Eram reflexões de um homem que havia dedicado uma atenção incomum à perspectiva da própria morte e agido durante toda a sua vida de acordo com isso. A questão central não era "Quanto tempo nos resta?", mas

"Como nos prepararmos para a morte a fim de que seja um novo modo de irradiarmos o nosso espírito e o espírito de Deus para aqueles que amamos e nos amaram?".

Logo após a mudança de Nouwen para a comunidade Daybreak, um catalisador particular para as suas reflexões foi um acidente de trânsito que quase o matou. Ao andar por uma rodovia em um dia de inverno, sua mente como sempre em outras coisas, Nouwen foi atingido pelo espelho retrovisor de um furgão. Embora, a princípio, tivesse parecido que ele só havia quebrado algumas costelas, logo constataram-se lesões internas graves. Mas nas horas seguintes, quando sua vida estava em perigo, algo mais aconteceu.

Como depois ele escreveu: "Eu hesito em falar simplesmente em Jesus, por achar que o Nome de Jesus talvez não evoque toda a presença divina que experimentei. Não *vi* uma luz brilhante, um arco-íris ou uma porta aberta, mas *senti* uma presença humana, porém divina, convidando-me a me aproximar e perder todos os meus medos." Como um resultado disso, o que por um lado foi uma grande provação, também foi um dos eventos mais confortadores de sua vida. "A morte perdeu o seu poder", relatou ele, "e desapareceu na Vida e no Amor que me cercavam de um modo tão íntimo, como se eu andasse através de um mar cujas ondas rolavam para longe. Estava sendo mantido seguro enquanto me movia na direção da outra praia. Toda a inveja, todo o ressentimento e toda a raiva eram suavemente afastados, e me estava sendo mostrado que o Amor e a Vida são maiores, mais profundos e mais fortes do que qualquer uma das forças com que eu estivera me preocupando."

Qualquer um que conhecesse a tendência de Nouwen a se preocupar — o que quer dizer, qualquer leitor de seus livros anteriores — compreenderia a grandeza dessa afirmação. Contudo, a literatura sobre experiências de "quase morte" é hoje tão familiar e vasta que o relato de Nouwen pode parecer redundante. Sempre há uma diferença entre a experiência de "quase morte" que muda a vida de uma pessoa e o impacto de qualquer relato de fonte indireta.

Entretanto, ao receber essa "dádiva de paz", Nouwen se sentiu compelido a partilhar sua nova consciência com outras pessoas. Tendo tocado a eternidade, agora se perguntava se seus anos extras não lhe tinham sido dados para que pudesse "vivê-los do outro lado". Se a teologia envolve "olhar para o mundo da perspectiva de Deus", então talvez lhe tivesse sido dada uma oportunidade de "viver mais teologicamente e ajudar outras pessoas a fazerem o mesmo sem que precisassem ser atingidas pelo espelho retrovisor de um furgão".

Em livros anteriores, Nouwen havia ensinado que nossas vidas pertencem a outros além de nós mesmos. Agora ele percebia que esse insight também se aplica às nossas mortes. Se morremos com culpa, vergonha, raiva e amargura, tudo isso se torna parte de nosso legado para o mundo, oprimindo as vidas de nossos familiares e amigos. Por outro lado, é possível encararmos a nossa morte como uma dádiva, uma oportunidade de transmitirmos aos outros nossa própria sensação de paz em Deus.

Em muitas discussões sobre esse tema, Nouwen se baseou em uma imagem tirada do fascínio que ele sempre teve pelo circo. Em seus últimos anos, desenvolveu uma amizade particular com os Flying Rodleighs, uma trupe de trapezistas que conheceu em um circo na Holanda. Durante algum tempo se juntou a eles na estrada, anotando detalhes de todos os aspectos de sua arte. Nouwen tinha a idéia de escrever um livro sobre os Flying Rodleighs, acreditando que em seu talento artístico poderia encontrar um novo vocabulário para a vida espiritual.

Nouwen ficara particularmente fascinado por um comentário de um dos voadores, aparentemente a estrela do trapézio, que lhe disse que na verdade "o voador não faz nada e o pegador faz tudo". Como ele explicou: "Quando eu vôo para [o pegador] só tenho de estender os braços e as mãos e esperar que ele me pegue e me puxe com segurança para cima da plataforma atrás da barra de apoio... Um voador deve voar, um pegador deve pegar e o voador deve acreditar, com os braços estendidos, que seu pegador estará lá à sua espera."

Nessa sabedoria circense, Nouwen encontrou uma mensagem de grande poder e consolo. Freqüentemente avaliamos nossa identidade e nosso sucesso segundo o modo como mantemos o nosso controle. Mas, pensando bem, o sentido final de nossas vidas também pode ser determinado por nossa capacidade de acreditar, renunciar, entregar-nos nas mãos do Outro. Isso fez Nouwen se lembrar das palavras de Jesus na cruz: "Pai, nas tuas mãos entrego o meu espírito." "Morrer", refletiu Nouwen, "é acreditar no pegador."

Alguns meses antes de sua própria morte, Nouwen ficou abalado com uma morte em particular na comunidade Daybreak. Foi a de Adam, o jovem de quem ele havia cuidado no primeiro ano após a sua chegada ao lugar e que o ajudara a aprender, tão tarde em sua própria vida, o significado de ser o "amado de Deus". Finalmente, após uma vida inteira de incapacidade, Adam sucumbira à sua doença. O fato de ele ter vivido até os 34 anos comprovou o cuidado e o amor de sua comunidade. Contudo, para a comunidade L'Arche, que considera seus membros deficientes sua "essência", a morte de Adam foi uma perda devastadora. Nouwen voltou às pressas para Toronto de seu sabático para se solidarizar com os familiares e amigos de Adam.

Em comparação com, digamos, Henri Nouwen, Adam não tinha realizado coisa alguma, nem mesmo as tarefas rotineiras que a maioria das pessoas tem como certas. Ele não podia falar, se vestir ou escovar seus dentes. Aos olhos do mundo a questão não teria sido por que um homem assim deveria morrer, mas por que Deus havia permitido que ele vivesse. Contudo, Nouwen viu na vida e morte de Adam uma reencenação pessoal da história do Evangelho: "Adam estava — muito simples, quieta e inquietamente — lá! Era uma pessoa que com sua própria vida anunciava o mistério maravilhoso de nosso Deus: eu sou precioso, amado, inteiro e nascido de Deus. Adam era uma testemunha silenciosa desse mistério, que não tem nada a ver com se ele podia ou não falar, andar ou se expressar... Tem a ver com ele existir. Ele era e é um filho amado de Deus. Essa é a mesma nova que Jesus veio anunciar... A vida é uma dádiva. Cada um de nós é único, conhecido por seu nome e amado por Aquele que nos moldou."

Jesus também realizou relativamente pouco durante sua curta vida pública. Também morreu como um "fracasso" aos olhos do mundo. "Ainda assim", escreveu Nouwen, "tanto Jesus quanto Adam são filhos amados de Deus — Jesus por natureza, Adam por 'adoção' — e eles viveram na qualidade de filhos entre nós como a única coisa que tinham a oferecer. Essa foi a sua missão. Essa também é a minha missão e a de vocês. Acreditar nisso e viver de acordo com isso é a verdadeira santidade."

Nouwen planejou escrever um livro sobre Adam; seria seu último. Ele queria mostrar, por intermédio da vida de Adam, como a história de cada pessoa podia ser compreendida dentro da história de Jesus. Como foi o caso com todos os melhores escritos de Nouwen, esse também era sobre si mesmo. Ele pareceu sentir na morte desse jovem, como sentiu em seu próprio contato com a morte, que estava sendo convidado a se preparar para seu próprio vôo com os braços estendidos — livre da gravidade, livre de tudo que deformava seu corpo e seu espírito — para os braços do Pegador que o esperava. Ele escreveu que era como se Adam estivesse dizendo: "Não tenha medo, Henri. Deixe minha morte ajudá-lo na sua. Quando você não tiver mais medo de sua própria morte, poderá viver plena, livre e alegremente."

Aquela era uma voz que ele já tinha ouvido. Em outro livro publicado, por coincidência, dentro de semanas após a sua morte, ele concluiu com estas palavras: "Muitos amigos e familiares morreram nos últimos oito anos e minha própria morte não está muito longe. Mas eu ouvi a voz interior do amor, mais profunda e forte do que nunca. Quero continuar a acreditar nessa voz e ser conduzido por ela para além dos limites de minha curta vida, onde Cristo é tudo em todos."

MEMENTO MORI*

O tempo tem faces diferentes. Às vezes, estica-se languidamente como um gato ou passa com indiferente precisão, com uma coisa acontecendo após a outra. Contudo, ocasionalmente, surge aquele tempo para o qual a Bíblia reserva uma palavra especial, *kairos*. É quando o tempo revela seu significado oculto, um tempo de crise que exige uma resposta decisiva.

A morte também tem faces diferentes. Há a face abstrata e impessoal que vemos em vítimas de terremotos em países longínquos, conhecidos distantes ou até mesmo celebridades cujos obituários lemos no jornal. Podemos comentar que certa vez passamos por essa pessoa na rua ou a vimos na televisão. Esse tipo de morte

---

*Lembrete da morte. (*N. da R.*)

é para nós um breve lembrete de nossa própria mortalidade, mas permanece no nível de uma historieta, algo que só prende nossa atenção momentaneamente.

Também há a face que a morte apresenta quando nos toca pessoalmente, ocorre perto de nosso lar ou nos rouba aqueles a quem estamos vitalmente ligados. Então a morte deixa de ser apenas uma historieta; torna-se um fato muito importante que projeta uma luz diferente em tudo que vemos. Estrelas, flores, cada criatura inocente não afetada por esse cataclismo parece zombar de nós. Como exclama o Rei Lear após a morte de Cordélia: "Como pode um cão, um cavalo ou um rato terem vida, quando tu não respiras mais?"

Donald Nicholl, um estudioso católico inglês, escreveu um diário comovente durante seus últimos meses com câncer em fase terminal. Uma das coisas que mencionou foi sua terrível sensação de isolamento. Relatou que, para todos que encontrava, a morte representava apenas um evento entre tantos outros, "enquanto para mim minha morte é *o* evento".

Nossa posição em relação a esse evento é que faz toda a diferença. Ver a morte de perto oferece, mais do que novas informações, um novo ponto de observação de onde o mundo parece diferente. Essa mudança no ponto de observação pode ser um momento de medo, depressão e horror. Podemos ver o quanto estamos despreparados, devido às muitas coisas que gostaríamos de ter feito de modo diferente, não terminamos ou não resolvemos. Mas dizem que a aproximação da morte também tem um efeito estranhamente libertador. Muitas pessoas afirmam que nunca se sentiram tão plenamente vivas como quando enfrentaram essa perspectiva de morte. Muitas inquietações e preocupações se tornaram irrelevantes. Muitas coisas foram esclarecidas ou reveladas com o seu verdadeiro valor. Para o Padre Alfred Delp, um jesuíta enforcado pelos nazistas em 1945, a antecipação da morte trouxe uma nova clareza para suas convicções mais profundas. Na prisão, ele escreveu: "Durante estas longas últimas semanas, a vida se tornou subitamente menos rígida. Grande parte do que foi um dia bastante simples e comum parece ter assumido uma nova dimensão. As coisas parecem mais claras e ao mesmo tempo mais profundas; vejo todos os tipos de ângulos inesperados. E, acima de tudo, Deus se tornou quase tangível. As coisas que eu sempre soube e nas quais acreditei agora parecem muito concretas; eu acredito nelas mas também as vivencio."

A aproximação da morte pode causar pânico até mesmo na pessoa mais corajosa, mas também ter outros efeitos positivos. Pode, como observou o Dr. Samuel Johnson, "concentrar muito a mente", aumentando a nossa capacidade de insight espiritual e discernimento moral. Por esse motivo, a "morte feliz", segundo os santos, é aquela que esperávamos e para a qual nos preparamos de modo adequado. Como observou Flannery O'Connor: "A doença antes da morte é uma coisa muito apropriada e eu acho que aqueles que não a têm não recebem uma das graças de Deus."

O'Connor descreveu um encontro inesperado de uma família com a morte em seu conto *É difícil encontrar um homem bom.* Nesse conto, uma inocente viagem assume proporções desastrosas quando os membros de uma família encontram uma gangue de criminosos cruéis. A situação piora quando a avó, uma mulher bastante tola, identifica o líder como um fugitivo da polícia conhecido como o Desajustado. Uma vez reconhecido, o Desajustado leva todos, um a um, para o bosque, a fim de atirar neles. A avó, a última a ir, fala freneticamente com o Desajustado, tentando ao mesmo tempo acalmá-lo e distraí-lo. Somos levados a concluir que sua conversa leviana é compatível com toda a sua vida — superficial, ingênua e desatenta. Porém, em um certo ponto, quando ela ouve o Desajustado descrever seu relacionamento instável com Jesus, aquele que "botou [sic] tudo fora de equilíbrio", ela experimenta um momento atípico de insight. "Porque você é um dos meus bebês", diz, estendendo a mão para tocar o ombro dele. "É um de meus próprios filhos!" Talvez seja o gesto mais profundo de sua vida. Também é o seu último, porque o Desajustado rejeita sua caridade com violência reflexiva e a mata com um tiro. "Ela teria sido uma boa mulher", diz, "se tivesse alguém para atirar nela em todos os dias de sua vida".

Ironicamente, o comentário do Desajustado reflete a sabedoria dos antigos mestres espirituais, muitos dos quais apreciavam os benefícios espirituais da consciência da morte. Thomás de Kempis, por exemplo, escreveu em *A imitação de Cristo*: "Você deveria ordenar todos os seus atos e pensamentos como se hoje fosse o dia de sua morte". Afinal de contas, qualquer dia pode ser o nosso último; portanto, "esteja sempre pronto; viva de modo que a morte nunca possa encontrá-lo despreparado". Em outro ponto, ele observou: "Um homem não é apenas feliz como também sábio se tentar, durante o seu tempo de vida, ser o tipo de homem que quer ser encontrado em sua morte". Concordando com esse conselho, muitos estudiosos de antigamente gostavam de manter caveiras em suas escrivaninhas como lembretes de sua própria mortalidade. Na Europa ainda se pode ver prédios públicos antigos ornamentados, em um espírito parecido, com imagens de ceifeiras, caveiras e balanças da justiça. Quantas pessoas as notam hoje? Houve um tempo em que esses lembretes da morte, ou *memento mori*, serviam como sinos que despertavam nas pessoas a consciência da natureza passageira de seu tempo na Terra.

Curiosamente, havia muitas dessas imagens em uma época em que, devido aos perigos da era pré-moderna — pestes, fome, doenças infecciosas, condições sanitárias primitivas ou os riscos do parto —, lembretes artificiais da mortalidade deveriam ser menos necessários. Mas de um ponto de vista espiritual, a questão não era apenas a familiaridade com a morte (que pode ter o seu próprio efeito dessensibilizador), mas as virtudes e o insight a que essa contemplação poderia induzir.

O autor inglês anônimo de *The Cloud of Unknowing* (outro clássico místico do século XIV, escrito em uma época de grande flagelo) deu o seguinte conselho sobre como se concentrar durante a oração: "Eu acho que o que o ajudará mais quando começar sua oração — não importa se for longa ou curta — é acreditar que estará morto quando ela terminar, que chegará ao fim antes dela!" O autor admitiu que "é quase certo que você viverá por mais tempo que o de sua oração, mas é sempre errado acreditar nisso, e um erro prometê-lo a si próprio".

Em outras palavras, não importa se aceitamos ou não esse fato, todos nós vivemos com uma arma engatilhada em nossas cabeças. Se ela não disparar hoje, talvez dispare amanhã. Se não amanhã, um dia disparará. Se esse dia fosse hoje, o quão diferentemente nos comportaríamos? Se cada palavra ou ato carregasse o peso de nossa intenção final, o que diríamos? O que faríamos? Que coisas nos pareceriam mais preciosas e valiosas? O que passaria despercebido se alguém atirasse em nós em todos os dias de nossas vidas?

É claro que se não fosse preciso mais do que uma caveira e ossos cruzados para concentrar nossa atenção, os piratas viveriam em um constante estado de iluminação. Nós também somos cercados por imagens e pela realidade da morte não só em virtude de guerras, terrorismo e explosões de violência irracional, como também da assustadora e constante possibilidade de cataclismo nuclear e desastre ecológico. Contudo, em nossa cultura, a morte individual é em grande parte escondida e perdida de vista em hospitais e asilos para idosos. Geralmente representa em nossa consciência uma possibilidade estatística — não um encontro iminente ou um motivo para mudarmos nossas ações e prioridades.

Sem dúvida, se realmente esperássemos a morte a qualquer momento, poderíamos deixar de fazer muitas coisas boas e necessárias, como pagar nossas contas ou cortar nosso gramado. Por que sairíamos da cama? Mas quantas coisas boas e necessárias para a nossa felicidade, se não para a nossa salvação, deixamos de fazer acreditando que "sempre haverá tempo"?

Certamente há um pensamento mórbido na morte que pode restringir a nossa capacidade de viver. Mas muito mais comum é a terrível preocupação com evitar a morte, uma preocupação que tem um efeito parecido, obscurecer aquela dimensão da vida que precisa de nosso entusiástico envolvimento. Um medo da morte pode facilmente se tornar um medo do risco, um medo da inconveniência, um medo do conhecimento que poderia nos obrigar a agir. Assim, o espectro da morte, mesmo quando não reconhecido, pode tornar todos nós prisioneiros. Esse medo contrasta com a serenidade e liberdade de São Thomas More, que se arriscou a morrer pondo sua consciência na frente da lealdade ao seu rei. Quando seu amigo, o Duque de Norfolk, o preveniu de que se ele não prestasse o juramento de supremacia — concedendo ao Rei Henrique VIII autoridade sobre a Igreja na Inglaterra — certamente morreria, More respondeu: "Bem, nesse caso eu morro hoje, meu Senhor, e vós morrereis amanhã."

Não se sabe se os santos, mais do que o resto de nós, viviam na expectativa artificial de que cada momento poderia ser seu último. Mas, refletindo regularmente sobre a morte, eles buscavam ser lembrados do sentido e destino da vida. Vivendo atentos ao valor e à urgência de cada momento, mantinham uma consciência profunda de si mesmos e de tudo que estava em jogo. O medo da morte não mais os prendia. Eles tinham passado para o outro lado, "da morte para a vida" (1 Jo 14). E quando a morte deixa de infundir temor, todas as coisas — até mesmo a felicidade — são possíveis.

SEMENTES DA VIDA

Em uma de suas reflexões finais, Donald Nicholl escreveu: "Nenhuma pessoa viva pode me ensinar sobre a morte — nenhuma a experimentou... As únicas pessoas que poderiam ensinar sobre a morte são as que morreram e, de algum modo, testemunharam essa experiência. São os mártires (testemunhas) que ao menos podem nos mostrar *como* morrer. Nós pedimos a eles, assim como aos nossos antepassados, que nos levem para ficar em sua companhia. O que eles nos ensinam, acima de tudo, é a aceitar a morte sem reservas, aceitar a experiência de todo o coração e com *alegria.*"

Os primeiros mártires realmente aceitaram sua morte sem reservas. As histórias antigas costumavam descrevê-los como pessoas que cantavam hinos de louvor ou rezavam em público ao se aproximarem de seu destino, exibindo uma coragem e confiança que enchiam seus carrascos de espanto e medo e, ao mesmo tempo, incentivava a fé dos outros cristãos. Isso inspirou a famosa observação de Tertuliano, um antigo teólogo cristão, de que "o sangue dos mártires é a semente da Igreja".

Certamente, desde seus primeiros dias, a Igreja transformou esses mártires em guias especiais. A deles não era apenas uma morte, mas a morte — como foi dito sobre o martírio de São Policarpo — "em conformidade com o Evangelho", uma espécie de reencenação mística da paixão de Cristo. Sacrificando suas vidas por amor ao seu nome, os mártires não só imitaram a paixão de Cristo como proclamaram sua forte fé na ressurreição.

Mas a era do martírio não terminou com Nero e Diocleciano. Em quase todos os cantos do mundo moderno há exemplos de homens e mulheres que pagaram caro por sua fé e cujas mortes, nesse sentido, foram "em conformidade com o Evangelho". E eles realmente têm algo a nos ensinar. Suas histórias são notáveis não porque terminaram em morte, como todas devem terminar. Tampouco podemos dizer que eles nos ensinam a superar o medo da morte, porque isso não é verdade em todos os casos. Mas pelo menos eles testemunharam uma verdade, que se aplica a todos em todas as circunstâncias: de que o objetivo supremo da vida humana não é simplesmente prolongá-la o máximo possível. Na verdade, como poderia ter dito Dag Hammarskjöld, o medo da morte tende a diminuir se encontramos e servimos a "Alguém ou Algo" que valorizamos mais do que a mera longevidade.

Martin Luther King Jr. relatou essa atitude em uma entrevista, em 1967. "Eu convivo diariamente com a ameaça da morte", observou, "e, muitos anos atrás, percebi que não poderia trabalhar se deixasse o medo me dominar. O principal não é por quanto tempo eu vivo, mas o quanto me conduzi bem revelando essas verdades sublimes, nobres e boas".

De fato, King chegou a essa conclusão relativamente cedo em sua jornada pública. O momento decisivo veio às altas horas de uma noite de janeiro de 1956, quando ele atendeu o telefone, enquanto sua família dormia, e recebeu uma ameaça de morte particularmente perversa. Telefonemas desse tipo, que podiam chegar a quarenta por dia, eram comuns naquele tempo. Ele já havia enfrentado muita violência e ódio durante o boicote de ônibus de Montgomery, a campanha que o colocou em uma posição de liderança na luta pela liberdade dos negros. Mas de algum modo a tensão do momento e a ameaça implícita não só a ele mesmo como também à sua família o levaram ao limite de suas forças. Ele foi para a cozinha e, sentado lá com uma xícara de café, voltou-se para Deus. Como mais tarde contou: "Subitamente, ouvi uma voz. 'Martin Luther, tome o partido dos justos. Defenda a justiça. Defenda a verdade. E eu estarei com você até o fim dos tempos'." E ele respondeu: "Eu estou pronto para enfrentar qualquer coisa."

Em anos posteriores, King freqüentemente se referiu a esse episódio como sua "visão na cozinha". Esse tipo de experiência transformadora não é incomum nas vidas dos santos. Somente quando eles tocam a face de seus medos mais profundos encontram coragem e força para cumprir sua missão.

O caminho subseqüente de King o expôs a perigo constante. Apenas três dias depois ele teve sua casa bombardeada. Foi repetidamente preso. Em uma ocasião, foi apunhalado quase fatalmente. Mas nunca mais foi tentado por dúvida e desespero. Tampouco sucumbiu à tentação de criar fama e deitar-se na cama ou consolidar sua popularidade à custa de seu chamado profético. Até o fim de sua vida, continuou a se aprofundar nas origens da injustiça social e do ódio e a aceitar o desafio radical do Evangelho. O tempo todo ele estava avançando rapidamente na direção de seu encontro final.

Em abril de 1968, King estava em Memphis para dar apoio aos grevistas do serviço de limpeza da cidade. A atmosfera era tensa e ameaçadora. A violência estava próxima. Seu famoso "sonho" parecia cada vez mais um pesadelo. Entretanto, na noite de 3 de abril, ele fez um discurso que terminou com estas palavras:

> Eu não sei o que acontecerá agora. Temos dias difíceis pela frente. Mas isso não importa agora, pois estive no alto da montanha. Isso não importa. Eu gostaria de ter uma vida longa, como todo o mundo, mas não estou preocupado com isso agora. Só quero

> cumprir a vontade de Deus, e ele me deixou subir a montanha. Eu olhei de cima e vi a terra prometida. Talvez eu não chegue lá com vocês, mas quero que saibam hoje que nós, como povo, teremos uma terra prometida. E eu estou feliz esta noite. Nada me preocupa, não temo ninguém. Meus olhos viram a glória da chegada do Senhor.

Ele foi assassinado no dia seguinte.

Morrer como um mártir sempre foi considerado pela Igreja uma vocação especial de poucos que ninguém deveria intencionalmente buscar. Mas a felicidade a que Martin Luther King se referia na véspera de seu assassinato tem uma relevância mais ampla do que as circunstâncias de sua morte. Na medida em que se refere à felicidade dos santos, é em grande parte uma questão de fé interior em que se está no caminho certo — não importa o quanto seja perigoso — e de que a própria alma e, portanto, o próprio destino estão nas mãos de um Deus amoroso. Para os santos é essa fé, não a garantia de outro dia ou outra temporada, que é a base da felicidade. Como disse São Paulo: "Porque nenhum de nós vive para si, e nenhum morre para si. Porque, se vivemos, para o Senhor vivemos; se morremos, para o Senhor morremos. De sorte que, ou vivamos ou morramos, somos do Senhor." (Rm 14:7-8)

VENDO A MORTE COMO AMIGA

A palavra "mártir" vem da palavra grega para "testemunha". Certamente os mártires, sacrificando as suas vidas, testemunharam Cristo e sua confiança nas promessas de Deus. Ao fazer isso, também deram um exemplo de como a fé pode permitir a uma pessoa enfrentar a morte com coragem e serenidade. É claro que a morte do mártir, geralmente acompanhada de tortura e terror, pode parecer um destino incomum, reservado a poucos. Mas dificilmente a morte não é acompanhada de dor e medo. E mesmo nas melhores circunstâncias, há um certo medo inevitável quando enfrentamos esse momento de separação de tudo o que nos é familiar e caro para prosseguirmos sozinhos. Esse fato confronta cada um de nós com uma escolha parecida quanto ao tipo de testemunho que ofereceremos. Portanto, mesmo aqueles que morrem de "causas naturais", podem testemunhar e servir como santos mártires, fortalecendo e encorajando a fé dos outros.

Uma das pessoas que ofereceram esse testemunho público foi o Cardeal Joseph Bernardin, o querido arcebispo de Chicago, cujo exemplo de coragem e serenidade em face da morte sem dúvida sobreviverá à lembrança de suas muitas outras realizações. À época de sua morte, em 1996, Bernardin era considerado um líder da Igreja Católica norte-americana. Ele havia tido vários papéis proeminentes: de primeiro secretário-geral e mais tarde presidente da Conferência Nacional dos Bispos Católicos; presidente do conselho da comissão que redigiu a carta pastoral dos bispos sobre a guerra nuclear; arcebispo de Cincinnati e, finalmente, com 54 anos, cardeal-arcebispo de Chicago. Entre suas outras contribuições, articulou uma abordagem "contínua" da santidade da vida, uma ética coerente que combinava a oposição da Igreja ao aborto com a rejeição à pena capital e eutanásia, preocupação com a paz e justiça social e um compromisso com os pobres e indefesos na sociedade. Esse foi o lado público de sua história. Mas houve outro, menos visível.

Essa história iniciou alguns anos antes, quando um grupo de colegas sacerdotes o confrontou com uma questão instigante. Eles lhe pediram para refletir sobre se sua vida estava mais concentrada na Igreja ou em Cristo. A pergunta teve um impacto profundo em Bernardin, fazendo-o repensar muitas de suas prioridades. Ele decidiu se levantar mais cedo todos os dias para dedicar mais tempo à oração. Esvaziou sua conta de poupança e deu tudo aos pobres. A mudança se refletiu até mesmo em sua aparência. Antes uma figura imponente, ele pouco a pouco assumiu o aspecto mais macilento e monástico de seus anos posteriores. Tudo foi parte de um processo silencioso de conversão que transformou um clérigo bem-sucedido em um homem de Deus e o preparou para as provações que estavam por vir.

A partir de 1993, Bernardin passou por uma série de experiências penosas. Tudo começou com um processo movido por um ex-seminarista, que afirmava ter sofrido abusos sexuais por parte de Bernardin, seu bispo na época. Embora arrasado por essa acusação, o Cardeal Bernardin reagiu com calma e convicção. Ele negou a delação, ao mesmo tempo insistindo em que seu caso fosse investigado pelo conselho de revisão que criara para essas alegações. Recusou-se a impugnar o caráter de seu acusador ou fazer qualquer coisa que pudesse desencorajar denúncias de outras vítimas de abusos.

Entretanto, logo a história tomou um rumo surpreendente. O ex-seminarista, que tinha sido aconselhado por um terapeuta sem certificado universitário, admitiu a "falibilidade" de suas lembranças e retirou totalmente a denúncia. Embora com a reputação indelevelmente manchada, Bernardin concordou em ter um encontro particular com o jovem, que estava morrendo de AIDS, celebrou a missa com ele e lhe concedeu o perdão.

Esse foi um testemunho poderoso do Evangelho, aparentemente recompensado com um final feliz, porém, apenas o início do Caminho da Cruz de Bernardin. Pouco depois de ter sido inocentado, ele recebeu o diagnóstico de câncer pancreático.

Foi uma atitude típica de Bernardin querer partilhar essa informação pessoal com sua "família" de Chicago. Sua franqueza contrastava com a tradição das figuras públicas, fossem ou não da Igreja, de divulgar relatórios de saúde excelente até praticamente o momento de seus funerais. Ele instruiu seus médicos a concederem entrevistas coletivas regularmente. Muitos católicos norte-americanos acompanharam o progresso de sua cirurgia, suas sucessivas sessões de radioterapia e outros detalhes de seu tratamento. Além de seus deveres habituais, assumiu um novo papel de capelão não oficial para os outros pacientes de câncer. Era procurado por centenas deles, que lhe pediam orações e apoio. Bernardin confidenciou a um amigo que, oficiando para os doentes, estava redescobrindo o seu sacerdócio.

O cardeal estava determinado a partilhar com os outros sua fé inabalável na santidade da vida e nas promessas de Deus. Mas sua dádiva era ainda mais valiosa por não provir de uma atitude de *noblesse oblige*, mas de solidariedade com a fragilidade humana comum. Em uma carta pastoral para as pessoas de sua arquidiocese, ele escreveu que durante sua convalescença achou "as noites especialmente longas... Às vezes eu me via chorando, algo que raramente fazia antes. E passei a perceber quanto do que consome nossas vidas diárias é realmente trivial e insignificante".

Em agosto de 1996, apareceu novamente diante da imprensa para anunciar que o câncer havia se espalhado para o fígado e era inoperável. Só tinha poucos meses de vida. Após rever os procedimentos para conduzir o trabalho da diocese, ele acrescentou uma afirmação pessoal que teve um grande impacto nos repórteres presentes assim como no público em geral: "Eu posso dizer com toda a sinceridade que estou em paz. Considero isso uma dádiva especial de Deus para mim neste momento de minha vida. Nós podemos ver a morte como inimiga ou amiga. Se a vemos como inimiga, ela causa ansiedade e medo. Tendemos a entrar em um estado de negação. Mas se a vemos como amiga, nossa atitude é realmente diferente. Como uma pessoa de fé, eu vejo a morte como amiga, como uma transição da vida terrena para a eterna."

O conteúdo dessa mensagem não tinha nada de extraordinário; ela poderia ter sido transmitida em qualquer sermão de domingo. Mas nesse contexto e com tal autoridade, adquiriu um poder incomum. Aqueles que poderiam ter reconhecido na afirmação do cardeal a influência de Henri Nouwen não teriam se enganado. Mais tarde Bernardin revelou o quanto tinha sido ajudado por uma visita de Nouwen, que falou com ele sobre a morte como amiga e lhe deixou uma cópia de seu livro *Nossa maior dádiva*. (É um lembrete da contingência da vida o fato de Nouwen oferecer conforto ao arcebispo moribundo e ter, inesperadamente, morrido antes dele, naquele mesmo ano.) Bernardin certamente compreendeu a mensagem desse livro e mostrou de um modo extraordinário o que significa tornar a própria morte uma dádiva para os outros.

Um dos esforços de seus últimos meses se mostrou na decisão de escrever seu próprio livro, *The Gift of Peace,* "para ajudar os outros a entenderem como o bem e o mal estão sempre presentes em nossa condição humana e que, se nós 'renunciarmos', nos colocarmos totalmente nas mãos do Senhor, o bem prevalecerá". Afirmou que esse trabalho de confiar e renunciar era um processo que continuava até o fim da vida.

Em um discurso em setembro de 1996, ele disse: "Como bispo eu tentei... formular uma mensagem moral sobre o valor único da existência humana e nossas responsabilidades comuns por ela. Enquanto a minha vida se esvai lentamente e meu destino temporal se torna mais claro a cada hora e dia, não me sinto ansioso, mas, em vez disso, mais firme em minha convicção da maravilha da vida humana, uma dádiva que provém de Deus e é entregue em confiança a cada um de nós."

Em suas últimas semanas, com sua vida visivelmente se abreviando, Bernardin recebeu uma grande manifestação de afeto e admiração, e não só por parte de seus colegas católicos. A *Newsweek* trouxe a sua foto na capa com a manchete: "Teaching Us How to Die."* Pessoas de todos os credos e até mesmo agnósticas se comoveram ao contemplar aquele homem frágil, mas fiel, oferecendo a maior dádiva e testemunho simplesmente com sua maneira de morrer.

O Cardeal Bernardin morreu em 14 de novembro de 1996. No dia de seu funeral a cidade de Chicago parou. Mas seu ensinamento continuou. Quando seu livro foi publicado, tornou-se rapidamente um best seller nacional. Com palavras escritas apenas alguns dias antes de sua morte, ele observou que a primavera se seguiria ao inverno. "Está bem claro que eu não estarei vivo na primavera", escreveu. "Mas em breve experimentarei uma vida nova e diferente. Embora eu não saiba o que esperar na vida após a morte, sei que assim como Deus me chamou a servi-lo do melhor modo que eu pudesse em minha vida na Terra, agora está me chamando ao lar."

ANTES E DEPOIS

São Bede, um monge inglês do século VIII (o Venerável Bede, como é chamado), escreveu uma história famosa da Igreja inglesa. Em um capítulo, narra um ponto crítico na conversão do Rei

*Ensinando-nos a morrer. (N. da R.)

Edwin da Nortúmbria, no século VII. Após ouvir o apelo de São Paulino, um missionário errante, e ainda em dúvida sobre se deveria aceitar a nova fé cristã, o Rei Edwin convocou o seu conselho de sábios. Um deles disse:

> Vossa Majestade, quando comparamos a vida presente do homem com aquele tempo do qual não temos conhecimento, isso é como o vôo rápido de um pardal solitário através do salão de banquetes onde vos sentais nos meses de inverno para jantar com vossos barões e conselheiros. Dentro, há um fogo confortador que aquece o aposento; lá fora, tempestades invernais de neve e chuva. Dentro, o pardal está a salvo das tempestades; mas, depois de alguns momentos de conforto, ele desaparece de vista na escuridão de onde veio. De igual modo, o homem aparece na Terra por um breve período, mas não sabemos coisa alguma do que aconteceu antes dessa vida, e do que acontecerá depois. Portanto, se esse novo ensinamento pode revelar mais conhecimento certo, parece correto segui-lo.

O Rei Edwin foi subseqüentemente batizado, assim como todos os seus barões, conselheiros e outros súditos.

O cristianismo não está sozinho ao apresentar respostas — na forma de verdades incontestáveis — para o mistério de nossa existência. Muitos filósofos e mestres religiosos trataram dessas questões sobre a fonte, o significado e o destino da existência humana. O que houve de novo na pregação de São Paulino e outros santos missionários foi a afirmação de que na morte e ressurreição de um homem — embora o Filho de Deus — ergueu-se o véu de nosso destino futuro. Para aqueles que abandonavam o pecado — o peso da morte — e aceitavam o espírito de Cristo, a morte não era mais um destino temível. E essa fé permitia a essas pessoas viver em um novo espírito, abraçando a vida e, contudo, acreditando que o breve tempo de sua existência não era mais do que um pequeno porto aberto às profundezas misteriosas além.

Mais de mil anos depois, as questões levantadas pelo Rei Edwin e seu séqüito continuam a causar perturbação. Para muitos, as respostas cristãs, desgastadas devido ao uso displicente excessivo, perderam seu poder de surpreender e esclarecer. Para uma geração acostumada com o ritmo de vídeos de música, a noção de vida eterna — ou qualquer coisa eterna — pode parecer terrivelmente entediante.

Mas outras pessoas, talvez tendo explorado várias filosofias e caminhos religiosos, estão preparadas para ouvir novamente os santos — mais qualificados por experiência e convicção a representar a sabedoria do cristianismo — a fim de saber se eles podem revelar verdades absolutas. Elas descobrirão que os santos não eram apenas mestres, como também buscavam algo.

Em uma sala de conferências lotada em Yale, Henri Nouwen, certa vez, escreveu no quadro-negro o ano de seu nascimento, 1932, seguido de uma linha curta para outro ano, 2010, após o qual havia um ponto de interrogação. "Isto poderia representar a minha vida", disse ele à audiência, "um período finito com começo e fim." (Nem ele e nem os seus ouvintes poderiam adivinhar o quanto a linha real seria mais curta.) Então ele balançou a cabeça. Voltando ao quadro-negro, traçou uma linha reta como o vôo de um pardal de uma extremidade à outra. Então disse: "Eu vim de algum lugar e estou indo para outro."

Como Nouwen se deu conta, a questão do homem sábio do Rei Edwin não é realmente respondida com a revelação do destino daquele pardal no salão de banquetes, mas com a percepção da continuidade de seu vôo. Nossa função na vida — seja curta ou longa, com tristezas ou bênçãos ou, como a maioria das vidas, uma combinação de ambas — é encontrar o caminho que nos leva ao nosso verdadeiro destino.

Fama, riqueza e grandes conquistas não nos atravessarão para o outro lado. Ressentimentos, amargura, raiva e lamentações não nos serão úteis, embora muitas pessoas se apeguem a essas coisas como se fossem ouro; na verdade, carregá-las conosco seria um inferno. Devemos aprender a abandonar tudo que diminui a nossa capacidade de amar com corações puros. É menos doloroso renunciar. A morte terminará o trabalho que deixamos incompleto.

CAPÍTULO 8

Aprender a ver

Os olhos do mundo não vêem mais longe do que esta vida, como os meus não vêem mais longe do que esta parede quando a porta da igreja é fechada. Os olhos do cristão vêem a eternidade.

— São João Vianney, o cura d'Ars

PODERÍAMOS PRESUMIR QUE *Aprender a morrer* seria o último capítulo de qualquer guia para a felicidade. Afinal de contas, é nesse ponto que nossa jornada terrena termina. "O resto", como disse Hamlet, "é silêncio". Mas os santos têm mais a nos ensinar. Aos olhos deles nem a vida e nem a nossa vocação para a felicidade terminam com a morte. Somos criados para uma felicidade maior do que esta vida pode conter. Portanto, o propósito da vida espiritual é nos guiar na direção desse objetivo e, a essa luz, nos fazer ver o valor real de nossos desejos, atos e sofrimentos.

Tradicionalmente, a Igreja tem descrito esse objetivo, a conquista da felicidade final, como um ato de *ver*, a Visão Beatífica, o encontro direto com Deus. Essa visão é caracterizada antes de tudo por sua clareza não imediata. Como escreveu São Paulo: "Porque agora vemos por espelho em enigma, mas então veremos face a face." (1 Co 13:12) Também é um tipo de visão que nos muda, realinhando nossos próprios corações e desejos com o objeto de nossa visão.

Dante descreveu essa visão no final de *A divina comédia*:

> Ó graça abundante, que me deu coragem
> para fitar a Luz Eterna,
> tanto quanto a vista me permitiu!
>
> Eu vi que contém em suas profundezas
> todas as coisas atadas com amor em um único livro
> do qual o mundo se despagina...
>
> Sei que vi a forma universal
> desse nó porque sinto,
> enquanto falo, meu coração pular de alegria...

A obra de Dante descreve uma peregrinação imaginária das profundezas do inferno ao monte do purgatório e, finalmente, ao êxtase etéreo do paraíso. Quando o poeta chega ao seu destino, é levado a fitar a própria Trindade, uma luz ofuscante, como três arco-íris se refletindo um no outro. Enquanto ele se esforça para entender esse mistério, há em sua mente um "grande lampejo de compreensão" até que, como escreve, "como uma roda que gira em perfeito equilíbrio, / eu senti minha vontade e meu desejo impelidos / pelo Amor que move o sol e os outros astros".

Com essa linguagem, os artistas cristãos tentaram pintar um estado de felicidade difícil de descrever. Desde a época de Dante, essa imagem tem sido atualizada em uma grande quantidade de pinturas, poemas e filmes, de Boticcelli a *Paraíso perdido* e *A Guy Named Joe*. Nesse ínterim, as descobertas da física moderna, junto com a exploração do espaço cósmico, aumentaram a nossa compreensão das forças que "movem o sol e os outros astros". Ainda assim, restam perguntas que nem a ciência e nem a arte podem responder. A felicidade perfeita existe? Se existir, como essa felicidade *suprema* se relaciona com a vida "como a conhecemos"? Há um modo de ver *agora* o que nos conecta, em algum ponto, com aquela visão abençoada da imaginação de Dante?

Nossa resposta vem dos místicos e visionários, com suas descrições de viagens fantásticas além das portas da percepção. Mas a maioria dos santos não tinha visões, exceto talvez, como Dorothy Day admitiu, "visões de contas a pagar e louça suja". Contudo, com os olhos da fé, eles discerniam uma dimensão extra mesmo nas circunstâncias mais prosaicas. Santo Agostinho acreditava que todas as coisas verdadeiras, belas e boas serviam como uma isca, atraindo-nos para sua fonte suprema. É *essa* orientação — para a Fonte, embora apenas vagamente percebida — que caracteriza os santos. Também nos permite ver abaixo da superfície opaca da história, do comércio e da natureza o que Gerard Manley Hopkins chamou de "a mais cara exuberância no fundo das coisas".

Ver essas coisas não é uma questão de olhar em lugares "religiosos" especiais, mas de aprender a ver de um modo diferente, com olhos diferentes. "Todo o nosso trabalho nesta vida", segundo Santo Agostinho, "é curar os olhos do coração, com os quais Deus pode ser visto". Essa visão também é conhecida como fé. Todos os santos a tinham, e está implícita em todas as instruções para a felicidade, porque vendo com os olhos da fé eles acreditavam que viviam em uma realidade mais ampla, que dava um objetivo às suas ações, seu trabalho, seu amor, seu silêncio e suas tristezas. Essa era a fonte de sua felicidade, como também é a fonte da nossa, se aprendermos com o seu exemplo.

TODO O CAMINHO PARA O CÉU

Muitos teólogos, pregadores e artistas imaginaram a felicidade dos santos no céu. Em compensação, não foi dada muita atenção à felicidade dos santos na Terra. Na verdade, alguns questionaram se a verdadeira felicidade nesta vida é atingível ou mesmo desejável.

Muitos católicos, embora cada vez menos, ainda podem recitar de memória as primeiras linhas do catecismo de Baltimore.

> *Quem te criou?* Deus.
> *Por que Deus te criou?* Para conhecer, amar e servir a Ele neste mundo a fim de ser feliz com Ele para sempre no próximo.

Se o catecismo tradicional ignorou a possibilidade de ser feliz *neste mundo*, não foi por acaso. Refletia uma tendência antiga a considerar a vida presente apenas um meio de atingir um objetivo maior. Esse objetivo, a "felicidade eterna", estava por definição além do alcance dos mortais.

Na *Suma teológica*, Santo Thomás de Aquino dedicou uma considerável atenção a essa questão, em grande parte para mostrar por que a felicidade, em seu sentido final, pode se referir a "nada mais do que a visão da essência Divina". Depois de reexaminar esses bens efêmeros, como a riqueza, a honra, a fama, o poder, a saúde e o prazer, ele mostrou o quanto era vão supor que qualquer um deles poderia proporcionar a felicidade perfeita. De fato, ao apresentar suas provas, Aquino manteve seu olhar tão fixado na felicidade "perfeita" que sugeriu que algo inferior a isso não mereceria esse nome.

Porém, ao se concentrar dessa maneira em nosso objetivo futuro, Aquino foi herdeiro de uma longa tradição. Nossa vida na Terra, segundo essa perspectiva, é concebida como um estado de "exílio solitário" de nosso verdadeiro país. Nas palavras da *Salve Rainha*, uma oração medieval de louvor à Virgem, somos os "degredados filhos de Eva, gemendo e chorando neste vale de lágrimas". O esforço para ser feliz nesta vida não é só vão como também prejudicial quando nos faz esquecer quem somos e para onde vamos.

Segundo Santo Agostinho, tudo serve a um objetivo bom e valioso quando nos ajuda a atingir o destino final. Mas felicidade demais nesta vida nos faz correr o risco de nos fixarmos no "meio", perdendo de vista nosso verdadeiro propósito. "Imagina que fôssemos peregrinos que só poderiam viver em bem-aventurança em nossa pátria, infelizes em nossa peregrinação e desejando terminá-la e voltar para nossa terra natal. Precisaríamos de um veículo de transporte por terra e mar que pudesse nos ajudar a alcançá-la... Mas se ficássemos encantados com os prazeres da jornada e o movimento do próprio veículo, e fôssemos levados a apreciar essas coisas que deveríamos usar, não desejaríamos terminar rapidamente nossa jornada e, sob uma sedução perversa, ficaríamos afastados de nossa pátria, cuja beleza nos tornaria abençoados."

Sem dúvida há um mérito na advertência de Agostinho. É verdade que nesta vida não temos um lar permanente e, por isso, devemos ver o que é em última análise importante. E para aqueles que precisam persuadir que a "felicidade perfeita" é inatingível na Terra, Agostinho e Aquino dão um conselho. Mas esse é o único conselho importante? O único que precisamos ouvir?

Em meio à dor e à adversidade pode ser encorajador colocarmos nossas esperanças em uma vida futura em que todas as tristezas serão confortadas e todas as lágrimas serão enxugadas. Mas há um bom motivo para desconfiar de prescrições espirituais que rejeitam todas as bênçãos desta vida, "os prazeres da jornada", a favor de um paraíso ideal ainda por vir. Na melhor das hipóteses, atitudes desse tipo podem promover indiferença e passividade; na pior, cheiram a ingratidão.

Mesmo escrevendo de uma cela de prisão, Dietrich Bonhoeffer resistiu a essa tentação. "Eu creio que devemos amar a Deus e acreditar nele em nossas vidas e em todas as suas boas dádivas, que quando chegar a hora (mas não antes) poderemos ir ao seu encontro com amor, confiança e alegria. Mas, para falar claramente, para o homem nos braços de sua esposa, ansiar pelo outro mundo é, em termos brandos, algo de muito mau gosto, e não a vontade de Deus."

Embora o céu possa representar a felicidade perfeita, não é pelo caminho da morte que chegaremos lá, mas pelo caminho da santidade. Assim os santos ensinaram. O que isso significa? Que nos preparamos para o céu com uma vida de constante adaptação ao amor e à bondade de Deus; que o caminho para o céu começa onde estamos... E, sendo assim, devemos admitir que a vida na Terra não é apenas um vale de lágrimas. Também há um verdadeiro encanto *nesta vida* que, se reconhecido, poderia nos fazer felizes *e* abençoados.

Alguns santos enfatizaram o grande abismo que separa a felicidade perfeita celestial de seus correlativos irreais em nossas vidas diárias. Mas muitos outros reconheceram as linhas de continuidade. E até mesmo Aquino admitiu: "Os homens estimam que haja algum tipo de felicidade a ser conquistada nesta vida, por conta de uma certa semelhança com a verdadeira Felicidade. E assim não erram totalmente em sua estimativa."

Para Aquino o elo de conexão era a contemplação, que nos aproxima cada vez mais da essência de Deus. Por outro lado, para Santa Brígida da Irlanda, uma abadessa do século VI que personificou um tipo de santidade mais terrena, o elo estava na prática da hospitalidade. Ela imaginava o céu como uma grande família reunida ao redor de um lago de cerveja. Dois santos diferentes, dois caminhos diferentes. Independentemente das diferenças, nas vidas dos muitos santos houve momentos de insight em que aquele aparente abismo entre o "agora" e o "futuro" desapareceu e ficou claro, como escreveu Santa Catarina de Siena, que "todo o caminho para o Céu é o Céu".

BRILHANDO COMO O SOL

Thomas Merton alcançou a fama cedo com a publicação de *A montanha dos sete patamares*. Mas de algumas maneiras essa fama se tornou um fardo. Na mente das pessoas, ele foi para sempre fixado no ponto em que sua autobiografia terminou: um jovem monge com seu capuz na cabeça, feliz e convencido de que ao se juntar a uma comunidade monástica austera fugira do mundo para nunca mais voltar. Foi difícil para os leitores avaliar que essa imagem só representou o início da jornada de Merton como monge. Anos depois, ele escreveu, com grande irritação: "*A montanha dos sete patamares* é a obra de um homem de quem eu nunca sequer ouvi falar."

Um aspecto do livro que Merton passou particularmente a rejeitar foi a atitude de piedoso desdém pelo "mundo" e seus infelizes habitantes. Ele parecera considerar o mosteiro um refúgio distante dessa *massa damnata*. Apenas com o tempo percebeu que "o mosteiro não é um 'escape' do mundo. Pelo contrário, no mosteiro eu represento o meu verdadeiro papel em todas as lutas e nos sofrimentos do mundo". Com essa percepção ele assumiu um tom cada vez mais compassivo e ecumênico.

Em um de seus diários publicados, Merton descreveu um momento de consciência mística que marcou um ponto crítico em sua vida de monge. Ocorreu durante uma pequena missão em Louisville, na esquina da Fourth com Walnut, no centro do distrito comercial. "Subitamente eu fui dominado pela sensação de que amava todas aquelas pessoas, que elas eram minhas e eu era delas, que nós não poderíamos ser alheios uns aos outros mesmo sendo totalmente desconhecidos. Isso foi como despertar de um sonho de separação, de auto-isolamento espúrio em um mundo especial, o mundo da renúncia e suposta santidade."

Merton tinha descoberto um sentimento de solidariedade com a raça humana — não apenas no pecado partilhado como também na graça — e o descreveu como um despertar para a verdadeira felicidade. "Não há como dizer às pessoas andando ao redor que elas estão todas brilhando como o sol", escreveu. "Não há estranhos!... O portão do paraíso está em toda parte."

Sem dúvida, muitas influências concorreram para esse insight, permitindo a Merton ultrapassar os limites de uma perspectiva religiosa estreita. Contudo, parece claro que essa experiência em Louisville foi um evento crucial, um momento em que a realidade diária pareceu "transfigurada" de um modo que afetou permanentemente a sua visão.

Na mesma passagem, ele discutiu o que chamou de "*point vierge*", um ponto de pura verdade no centro de nosso ser "que pertence totalmente a Deus". Usando uma linguagem tradicionalmente reservada para a Visão Beatífica, ele descreveu esse ponto em que a glória de Deus é gravada em nosso ser: "É como um diamante puro, brilhando à luz invisível do céu. Está em todas as pessoas e, se pudéssemos avistá-lo, veríamos esses bilhões de pontos de luz se unindo na face e no esplendor de um sol que faria desaparecer completamente toda a escuridão e crueldade da vida."

TRANSFIGURAÇÃO

A epifania de Merton na Fourth com Walnut tem paralelos nas vidas de muitos santos e místicos. Lembra a visão que Juliana de Norwich teve do mundo como uma preciosa avelã na mão de Deus, ou o evento descrito por Santa Hildegard de Bingen, uma mística alemã do século XII, quando "uma luz ardente veio da abóbada celeste aberta. Atravessou o meu cérebro e atingiu o meu coração e peito não como uma chama que queima, mas aquece, como o sol aquece tudo em que seus raios tocam". Por meio dessas ocorrências, os místicos falam do despertar para o significado da Bíblia, o destino do universo ou simplesmente o espírito resplandecente do mundo diário. Eles têm em comum um momento de insight em que a cortina que cobre a realidade é afastada para revelar, ainda que por um instante, a visão do que está de fato dentro.

Em cada uma dessas experiências há um eco daquele incidente misterioso descrito nos Evangelhos e, posteriormente, comemorado como a Transfiguração de Cristo. Nessa ocasião, Jesus conduziu três de seus discípulos — Pedro, Tiago e João — ao cume da montanha, onde "transfigurou-se diante deles; o seu rosto resplandeceu como o sol e as suas vestes se tornaram brancas como a luz". Essa é uma das histórias mais notáveis da Bíblia, uma das poucas vezes em que os discípulos não foram forçados a lidar com figuras e parábolas mas puderam vislumbrar o *fato* em si — seja o que for: Cristo em sua glória futura? Algum tipo de insight da essência mais profunda da realidade? Somente Pedro conseguiu dizer, apesar de seu medo e espanto: "Senhor, é bom estarmos aqui." Mas, subitamente, o momento passou e era hora de voltar para casa. E durante toda a descida do monte os discípulos falaram em voz baixa uns com os outros sobre o que tinham visto e o que significava.

Na vida típica, essas epifanias são raras, provavelmente para o nosso bem. A maioria de nós não está mais preparada para enfrentar a verdade nua e crua do que para olhar para o sol. Como escreveu Georges Bernanos: "Eu não creio que se Deus tivesse nos dado o conhecimento claro do quanto estamos intimamente ligados uns aos outros, tanto no bem como no mal, poderíamos continuar vivendo." Entretanto, lembramos de certos momentos em nossas vidas em que tudo pareceu totalmente claro e vívido. Pode ter sido um encontro fortuito que se revelou decisivo para o desdobramento de nossas vidas ou uma conversa íntima que atingiu o âmago da questão. De repente, o véu do cotidiano foi afastado e sentimos que estávamos pisando em solo sagrado.

O que fizemos com essas experiências? Provavelmente, na maioria das vezes, as tiramos de nossas mentes para que não interferissem em nossos planos rotineiros e no que chamamos de realidade. Mas para os santos essas experiências foram a pedra de toque da realidade, a constelação pela qual traçaram seu rumo.

O momento decisivo poderia ser algo simples. Para o Irmão Lawrence da Ressurreição, veio após seu longo serviço no exército francês. Como um veterano da Guerra dos Cem Anos, testemunhou solitariamente sabe lá Deus quantos horrores. Então, em um dia frio de inverno, ele olhou para uma árvore desfolhada. Deu-se conta de que em pouco tempo seus galhos nus se cobririam novamente de folhas, e esse pensamento o encheu de "uma compreensão profunda da providência e do poder de Deus". Houve um caminho direto desse insight para a sua posterior entrada para um mosteiro carmelita em Paris, onde cultivou sua "prática da presença de Deus".

Para outros o momento-chave poderia vir com um desafio ético ou encontro particular com o sofrimento humano. Uma das mais antigas biografias de santos é a de São Martinho de Tours, um bispo do século IV que serviu como tribuno no exército romano, na França. Um dia ele encontrou um mendigo maltrapilho tremendo de frio. Montado em seu cavalo e com as vestes de seu cargo, Martinho reagiu tirando seu próprio manto. Com sua espada, cortou-o em dois, deu uma metade para o mendigo e se envolveu na outra. Segundo reza a história, naquela noite ele viu Jesus, em sonho, envolto naquela metade de manto. No dia seguinte, arriscando a sua própria vida, renunciou ao seu cargo e procurou o batismo como cristão. "Esu sou um soldado de Cristo", disse aos seus superiores. "Não me é lícito lutar."

O momento do despertar poderia ocorrer em um encontro com outro santo. No caso de Santa Edith Stein, filósofa alemã judia que se tornou uma freira carmelita e morreu em Auschwitz, o momento crucial chegou depois que ela ficou uma noite inteira acordada lendo a autobiografia de Santa Teresa d'Ávila. Quando o sol nasceu em uma nova manhã, ela pousou o livro e exclamou: "Esta é a verdade!"

Momentos de descoberta como esses podem ser breves, mas seus efeitos são duradouros. Embora a lembrança possa se tornar vaga, o conhecimento de que certa vez, mesmo se apenas por um instante, entramos em contato com a verdade, significa que estamos vivendo em um mundo mais amplo.

TRANSCENDÊNCIA

Agostinho descreve esse momento em seu *Confissões.* Ocorreu durante uma conversa com sua mãe, Mônica, logo após sua conversão e apenas alguns dias antes da morte dela. Por vários anos, Mônica sofrera com seu filho errante, rezando constantemente por sua conversão. Ela vivera com um objetivo: vê-lo batizado.

Agora, com o ideal alcançado, mãe e filho conversavam em uma tarde sobre a felicidade dos santos: "Nós nos perguntávamos como seria a vida eterna dos santos, a vida que nenhum olho viu, nenhum ouvido ouviu, nenhum coração humano concebeu. Mas nós pusemos os lábios de nossos corações no riacho celestial que flui de Vossa fonte, a fonte de toda vida que está em Vós de modo que, até onde estivesse em nosso alcance, pudéssemos ser espargidos com suas águas e, de certo modo, obter uma compreensão desse grande mistério."

No decorrer da conversa, eles chegaram à conclusão de que nenhum prazer físico ou terreno era digno de nota ou comparação "com a felicidade da vida dos santos". E enquanto "a chama do amor ardia mais forte" entre eles, alçando-os na direção do Deus eterno, seus pensamentos "se elevaram sobre todo o compasso das coisas materiais em seus vários graus até o céu, de onde o sol, a lua e as estrelas projetavam seu brilho na Terra".

Sem ver o tempo passar, eles continuaram sua ascensão. "Nós nos elevamos ainda mais, pensando e falando o tempo todo maravilhados com tudo que vós criastes. Por fim, chegamos às nossas almas e passamos além delas para aquele lugar de plenitude eterna, onde vós sustentastes Israel para sempre com o alimento da verdade."

A conversa continuou a se elevar cada vez mais: "E enquanto falávamos da Sabedoria eterna, ansiando por ela e nos esforçando por obtê-la com toda a força de nossos corações, por um instante fugaz a tocamos."

Foi uma dessas breves experiências sublimes, do tipo que se dissolve assim que a tocamos. Como narra Agostinho: "Então, deixando a nossa colheita espiritual assegurada, voltamos para o som de nossa própria fala, em que cada palavra tem um começo e um fim — muito, muito diferente de vossa palavra, nosso Senhor, que reside em si mesmo para sempre, contudo nunca envelhece e dá nova vida a todas as coisas."

Poucos sequer aspiram a tocar essa esfera infinita de luz e beleza. Mas muitas pessoas comuns ainda conseguem se lembrar das vezes em que se viram na presença de algo impressionante e transcendente, que as levou a dizer, ainda que para si mesmas: "Esta é a verdade!"

Ao contar a história de sua conversão, Dorothy Day inclui um episódio de sua infância, em Chicago. Ela lembrou de como certa manhã foi visitar uma garotinha chamada Kathryn Barrett, sua vizinha. Não vendo ninguém na varanda ou cozinha, onde a louça do café da manhã estava cuidadosamente lavada, Dorothy precipitou-se em um dos quartos. Lá encontrou a mãe de Kathryn ajoelhada rezando. Aparentemente imperturbada pela interrupção, a Sra. Barrett se virou para Dorothy e lhe disse que Kathryn tinha ido para o armazém com as outras crianças. Então continuou a rezar.

Como escreveu Day: "Eu senti uma explosão de amor pela Sra. Barrett que jamais esqueci." Mesmo depois de muitos anos, lembro-me desse encontro casual. Embora mais tarde Day tivesse se concentrado nos problemas da pobreza e injustiça, ainda "houve momentos em que, no meio da miséria e luta de classes, a vida foi permeada de glória. A Sra. Barrett, em sua sórdida pequena morada, terminou de lavar a louça do café da manhã às dez horas e se ajoelhou e rezou para Deus".

Esse pequeno incidente foi um dos muitos fatos que contribuíram para a conversão final de Day. Ao descrever esse processo, ela atribuiu um papel especial ao nascimento de sua filha, Tamar. Mas não foi apenas a experiência da felicidade que voltou o seu coração para Deus. Foi também a compreensão de que faltava algo em sua própria vida, algo que ela havia observado em seus vizinhos, os pobres imigrantes cuja causa, como uma radical, ela havia firmemente defendido. A maioria dessas pessoas eram católicas fiéis. Como tal, observava Day, viviam na presença de verdades e valores que davam às suas vidas um sentido que transcendia suas condições materiais.

Nos anos que se seguiram à sua conversão — e até mesmo depois que, com a ajuda de Peter Maurin, ela encontrou a sua vocação e o seu lar no movimento Catholic Worker —, Day ainda enfrentou solidão e tristeza. Continuou a "lamentar a nefanda sordidez do destino do homem". Mas nunca perdeu o contato com um instinto profundo para a santidade em todos os atos. Em virtude da Encarnação, ela acreditava que todas as partes da vida, fossem belas ou miseráveis, eram tocadas pela graça. Tudo que era humano e tudo na natureza — o uivo de um animal na noite, a brisa soprando na baía, a trepadeira na escada de incêndio de um prédio — lhe falava de Deus. E Day nunca deixou de acreditar, apesar das privações e da insegurança enfrentadas, que a vida em comunidade proporciona um vislumbre e antegozo do banquete celestial. Quando lhe perguntaram sobre o seu trabalho e o que estava tentando fazer, ela respondeu simplesmente: "Nós estamos tentando fazer as pessoas felizes."

VISÃO BEATÍFICA

Santo Agostinho concluiu seu livro *A cidade de Deus* com uma ampla reflexão sobre a atividade dos santos no céu. Ele ficou particularmente intrigado com a promessa de São Paulo de que veremos Deus "face a face". Sobre o significado disso, Agostinho só podia teorizar. Os santos verão Deus com seus olhos físicos, "do mesmo modo como agora vemos o sol, a lua, as estrelas, o mar, a morte e todas as coisas na Terra"? Ele admitiu: "Essa questão não é fácil." Talvez, sugeriu, vejamos com os "olhos do coração", de forma que, mesmo se os nossos olhos estiverem fechados, com os nossos olhos espirituais poderemos ver Deus "dirigindo todo o universo".

Ainda assim, voltamos às nossas questões anteriores. Isso é *verdade*? Essa felicidade é possível? O que tem a ver com a nossa vida presente, o nosso desejo de encontrar a felicidade agora?

Em cada pessoa, a idéia do céu pode inspirar uma imagem diferente, seja formada pela poesia de Dante ou por cartões de cumprimentos com querubins sentados em nuvens. Os gostos variam, assim como as concepções do estado em que nosso anseio pela felicidade suprema é satisfeito. Não há motivo para supor que a imagem que um fazendeiro, um taxista e um peão de rodeio têm do céu reflete as concepções de Dante e Thomás de Aquino. Mas independentemente de nossas imagens, podemos estar certos de uma coisa: de que não podemos situar esse lugar em nenhum mapa do cosmos; não podemos provar racionalmente a sua realidade.

E então *isso é verdade*? É impossível responder a essa pergunta de fora, da perspectiva da ciência ou argumentação neutra. As verdades do Evangelho não exigem uma prova objetiva, mas compromisso pessoal; são verificadas não por meio de silogismos lógicos, mas apenas da experiência de vida. Por isso, à pergunta objetiva dos discípulos "Onde moras?", Jesus respondeu com um convite ao discipulado: "Vinde e vede." (João 1:39)

Felizmente, há modos de saber além da razão. É aí que entra a fé — o que São Paulo relatou como "a substância das coisas esperadas, a evidência das coisas não vistas". Embora não possamos usar a experiência dos santos, podemos prestar atenção ao seu testemunho. Eles contam que com os olhos da fé viram Deus, mas também viram o mundo e esta vida comum a uma luz diferente. Como observou Jean-Pierre de Caussade: "A fé transforma a Terra no paraíso. Por meio dela nossos corações se engrandecem com a alegria de nossa proximidade com o céu."

"Onde está Deus, aí está o céu", escreveu Santa Teresa d'Ávila. E como Deus está em toda parte, podemos entender como a vida diária pode realmente se tornar o caminho para o céu, o caminho da nossa felicidade. Aprendendo a ver com os olhos da fé, nós nos preparamos pouco a pouco para aquela felicidade suprema descrita por Santo Agostinho no hino final de *A cidade de Deus*: "Lá nos aquietaremos e veremos; veremos e amaremos; amaremos e louvaremos."

A vida de fé não é necessariamente uma vida passada em um mosteiro ou uma igreja. Contudo, a maioria dos santos realmente se dedicaram a uma prática religiosa disciplinada. Eles faziam orações ao entardecer, acordavam cedo para refletir sobre a Bíblia, rezavam o terço, faziam regularmente exames de consciência, e se submetiam ao conselho de diretores espirituais ou superiores religiosos. Juntavam-se a outros em uma comunidade de prática fiel; seguiam o calendário litúrgico de jejum, renovação e celebração; estudavam as vidas dos santos, faziam peregrinações, recebiam os sacramentos. Todas essas coisas eram ferramentas, hábitos para despertar e treinar os olhos da fé. Mas o objetivo desses exercícios não era afastar tudo na vida que lhes tirava a atenção de Deus. Era alcançar a condição em que nada lhes tirava a atenção de Deus.

O antigo catecismo falava em "conhecer, amar e servir a Deus neste mundo a fim de ser feliz com Ele para sempre no próximo". O intrigante e insatisfatório nessa afirmação era sua causalidade aparentemente arbitrária. Sugeria que o céu, ou a felicidade, era uma "recompensa" por nossa santidade nesta vida. Mas não existe outra conexão além de causa e efeito? O catecismo faz muito mais sentido se o caminho da santidade também é o caminho da felicidade, se a eternidade simplesmente confirma a opção que fizemos nesta vida.

Em um de seus sermões, John Henry Newman, o grande teólogo vitoriano, perguntou por que é preciso ser santo para entrar no céu. Deus não poderia também ter estabelecido outro padrão, talvez mais condescendente com as nossas fraquezas?

Newman respondeu: "Mesmo se um homem de vida pecaminosa padecesse para entrar no céu, *ele não seria feliz lá*, de modo que não seria um ato de misericórdia permitir a sua entrada." Pois o céu é uma questão de estar na presença de Deus, de encontrar prazer na vontade de Deus. Onde não há esse prazer, não pode haver felicidade. Portanto, a santidade não é um bilhete arbitrário de entrada no céu. "O céu *não* é o paraíso", como diz Newman, "não é um lugar de felicidade, *exceto* para os santos".

O céu *não* é o paraíso, *exceto* para os santos. Porém, seguindo o caminho da santidade, os santos perceberam, como Thomas Merton, que "o portão do paraíso está em toda parte". A essa luz, podemos dizer que esta vida também se torna "um lugar de felicidade" se crescemos em santidade e aprendemos a ver com os olhos da fé. Esse foi o insight do Padre Zóssima, de Dostoievski: "Senhores, olhem ao redor para as dádivas de Deus, o céu azul, o ar puro, a grama macia, os pássaros; a natureza é bela e sem pecado. Nós, apenas nós, somos pecadores e tolos e não entendemos que a vida é o céu, porque só temos de entender isso para que se cumpra em toda a sua beleza, e nos abracemos e choremos."

Os santos falaram do *memento mori*, do lembrete da morte, e de como ele aumenta a nossa sensação de urgência espiritual. Mas também há um *memento dei*, uma consciência de Deus, que pode ser cultivada o tempo todo e em todas as situações.

Nesse espírito, um carmelita holandês chamado Tito Brandsma, preso e morto pelos nazistas por defender os judeus, conseguiu fazer sair às escondidas esta mensagem de Dachau: "Eu vejo Deus no trabalho de sua mão e nas marcas de seu amor em toda coisa visível e, às vezes, sou tomado de uma alegria suprema acima de todas as outras alegrias."

Essa consciência, acima de tudo, é muito necessária em nosso mundo. Promove a convicção de que a vida, apesar de todas as forças da irracionalidade e da crueldade, em última análise, é significativa e boa. Aumenta a fé de que a felicidade é realmente possível. Sustenta a esperança de que, como observou Juliana de Norwich, "tudo ficará bem e todas as coisas serão boas".

Conclusão

Os viajantes no caminho da sabedoria de Deus descobrem que quanto mais longe vão mais o caminho se abre, até o infinito.

— Orígenes

EU PASSEI GRANDE PARTE de minha vida lendo livros sobre santos: lendas medievais, memórias espirituais, martirológios e manuais de devoção. Se isso é tudo que é preciso para ser feliz, então, como disse Thomas Merton, "eu deveria ter sido muito afortunado, um milionário espiritual, do berço até agora". Entretanto, o que faz a diferença para a felicidade, assim como para a santidade, não é o que lemos, mas o que praticamos.

Todos os dias trazem novos fracassos. Eu fico impaciente; preocupo-me com pequenas coisas e me fio nas outras pessoas; distraio-me e permaneço desatento aos sinais da graça; sonho acordado com atos heróicos, ao mesmo tempo deixando passar inúmeras oportunidades de caridade.

E ainda assim, como todo mundo, desejo ser feliz. Esse desejo é uma das marcas do ser humano, um sinal de que somos chamados a uma vida mais abundante. Não menos do que as outras pessoas, procurei pela felicidade em vários lugares, imaginando que a alcançaria quando tivesse realizado alguma ambição ou resolvido uma crise iminente. Mas minha experiência só confirmou a sabedoria dos santos, tanto os que estudei quanto os que conheci, cuja felicidade não dependeu de sentimentos passageiros ou circunstâncias externas. Eles mostraram que a verdadeira felicidade que todos nós desejamos é o outro lado da santidade à qual somos chamados. As duas provêm da mesma prática e convergem para o mesmo objetivo.

Se santidade fosse o mesmo que dom ou perfeição moral, esse objetivo só interessaria a poucos. Mas santidade não é possuir "a coisa certa". Não é um código ou uma prescrição que devemos seguir. É mais como uma maneira usual de ser, uma certa plenitude de vida, ou "encantamento do espírito". É um nome para a qualidade em virtude da qual todas as coisas e pessoas tornam real o seu ideal e a sua razão de existir. Contudo, essa santidade não apenas "acontece". Como relatam os capítulos anteriores, é fruto de considerável trabalho e prática.

Esse caminho nunca *termina.* Nós sempre permanecemos nele. Por esse motivo, em vez de falarmos sobre os "santos" como se representassem um tipo de criatura diferente, poderíamos preferir falar sobre "aqueles que trilham os caminhos da santidade". Ao mesmo tempo, teríamos uma consciência muito mais profunda do que nos une aos santos, nossos companheiros de viagem, em oposição ao que nos separa deles. Todos nós somos santos "em progresso" na medida em que o desejamos ser. Certamente, alguns progridem mais rápido do que os outros. Mas São Paulo não fez qualquer distinção quando se dirigiu aos seus leitores como santos. Eles eram santos em virtude de seu chamado à santidade.

E, por sinal, não há um caminho *para* a felicidade. Mas há um caminho *da* felicidade, de clareza e equilíbrio que nos permite adquirir experiência e retribuir com humanidade e perdão, um caminho que nos desperta para a particularidade de cada instante, assim como para a sua profundidade sagrada. Muitas vezes avançamos como se olhando através de um "telescópio mental", posicionado acima das cabeças de nossos companheiros humanos, e o que vemos parece insignificante, comum e sem sentido. Então, chega um momento em que nossa ânsia pela felicidade se junta ao chamado à santidade. No ponto de convergência resultante, vemos o mundo a uma nova luz. E a essa luz a vida comum se torna não só infinitamente valiosa como também radiante e bela.

✦

A importância dessas idéias me foi confirmada quando, perto da conclusão deste livro, recebi a notícia de que um velho amigo estava morrendo de câncer.

Eu havia conhecido Chuck Matthei 28 anos antes, quando ele apareceu em uma noite em meu dormitório na universidade. Eu não sabia quem Chuck era ou de onde vinha, mas sua visita foi oportuna. Desde que eu havia completado 18 anos, naquele inverno, passava por uma crise pessoal em relação ao sorteio militar. Naqueles dias distantes da Guerra do Vietnã, quase ninguém que eu conhecia podia entender por que isso era algo com que se preocupar. Mas Chuck entendia. Tendo de algum modo ouvido falar sobre o meu dilema, atravessara o estado de carona para me encontrar.

Mais tarde, fiquei sabendo que esse comportamento era típico de Chuck. Ele era atraído como um ímã a todos os jovens em um dilema moral. Qualquer que fosse o problema, partilhava a sua própria experiência e apoiava o instinto que levara alguém a examinar mais profundamente o sentido e objetivo da vida.

Dizer que Chuck me impressionou muito seria uma atenuação da verdade. Sua barba cerrada *viking* e calvície precoce, assim como a autoridade em sua voz, faziam-no parecer muito mais velho do que era (tinha 25 anos). Era difícil resistir à sua energia, sua consciência de sua missão e sua visão de um mundo melhor. Eu nunca conhecera alguém como ele.

Nós conversamos a noite inteira, com ele descrevendo sua filosofia e jornada. Contou-me como enfrentara o seu próprio dilema, decidira rasgar seu cartão de sorteio militar e passara a ter uma vida de pacificador itinerante. Do modo mais coerente possível, vivia no espírito da não-violência, inspirado por figuras como Gandhi, Tolstoi, Thoreau e Dorothy Day. Seu grande tema era a liberdade que sempre possuímos para planejar nossa resposta e atitude, apesar das situações em que nos encontramos.

Eu fiquei sabendo que Chuck era um rígido vegetariano — vegan — que jejuava um dia por semana e obtinha a maior parte de seus alimentos em contêineres de sobras de supermercado. Ele não possuía bens. Seu ascetismo tinha um componente moral. Mas também era uma questão de treinamento e disciplina, de disposição para qualquer sacrifício necessário. (Essa disciplina foi particularmente testada nas ocasiões em que foi preso e se recusou a andar ou comer na prisão.) Mas não havia nada de triste ou moralista nele. Como disse Santo Atanásio sobre Santo Antão: "Ele nunca estava preocupado, sua alma sendo tranqüila, e nunca parecia triste, sua mente sendo alegre." Para todos que encontrou em sua peregrinação — professores, freiras, sem-teto e os inúmeros estranhos que lhe deram carona no país — Chuck transmitiu um espírito de liberdade e responsabilidade, bem como a idéia de que, afinal de contas, não era difícil viver de acordo com os próprios ideais.

Inspirado, em parte, pelo exemplo de Chuck, eu pedi uma

licença na universidade e fui para o Catholic Worker, em Nova York, para trabalhar com Dorothy Day. Lá, nos anos seguintes, nossos caminhos freqüentemente coincidiram. Embora ele reverenciasse Dorothy Day, sua sensibilidade espiritual era mais como a dos quacres, uma questão de estar atento à "voz interior" e ver a "Semente de Deus" em sua própria alma e na dos outros. Na verdade, Chuck evitava rótulos religiosos e até mesmo se classificar como cristão. Contudo, vivia mais de acordo com o Sermão da Montanha do que qualquer pessoa que já conheci.

Com o tempo, as energias pacificadoras de Chuck se voltaram para o campo da economia alternativa. Ele quis traduzir os princípios da não-violência em programas que realmente fizessem diferença nas vidas dos pobres. Com esse objetivo, criou fundos de investimentos, organizações de conservação de terras e outros programas que beneficiaram inúmeras famílias pobres e comunidades em dificuldades. (Para alguém que continuou a viver em um nível de subsistência, ele mostrou grande talento para a administração financeira.) Sempre dedicava toda a sua energia a qualquer tarefa ou desafio. Como mais tarde disse sua mãe: "Sua vida era seu trabalho e seu trabalho era sua vida".

Agora essa vida estava terminando. Depois de uma longa luta contra um câncer de tireóide e sem conseguir mais comer ou falar, ele havia recusado tratamento adicional e voltado para sua casa, na área rural de Connecticut, para morrer. Quando eu recebi essa notícia, apressei-me a vê-lo sem saber o que esperar ou como nos comunicaríamos. Quando cheguei, no dia seguinte, eu o encontrei sentado em uma cadeira de rodas com um laptop no colo. Parecia muito velho e frágil, embora o espírito bem conhecido estivesse ali em seus olhos e nas palavras que digitou com dificuldade no teclado.

Eu senti vergonha de ter ficado tão distante durante sua doença, mas Chuck não deu importância a isso: "Nós dois estivemos devidamente ocupados", digitou, "mas agora você está aqui".

Depois de me inteirar das novidades, eu falei sobre o livro que estava escrevendo. Disse a ele que tentava descobrir, por intermédio das vidas dos santos, o que torna uma vida inteira e feliz.

"Eu penso muito sobre isso", escreveu Chuck. "Você gostaria que eu partilhasse esses pensamentos com você?" Eu respondi que sim. E, então, ele começou a digitar.

"Desde que adoeci, muita gente me pergunta se estou zangado, frustrado, amargo. E eu respondo: 'Nunca.' Quando as pessoas recebem o diagnóstico de uma doença terminal, antes de mais nada têm medo de ficar sozinhas e se perguntam como poderiam ter vivido de modo diferente. Mas eu nunca fiquei sozinho. Tenho sido cercado de bons amigos e da comunidade, e abençoado com um trabalho significativo. Nunca tive de tomar decisões baseado em dinheiro ou pressão de iguais. É claro que, olhando para trás, há coisas que eu teria feito de modo diferente. Mas se não fosse assim, isso significaria que não aprendi nada com a vida."

Ele admitiu que, às vezes, experimentava a tentação do desânimo. "Você sabe o que Dorothy escreveu no pós-escrito de *The Long Loneliness* sobre como é difícil se lembrar do 'dever do prazer'. Mas quando contemplo a vida que tive e o fim que está próximo, penso: 'Não é tão difícil quando se foi abençoado com um trabalho e amigos tão bons.' Para mim, isso é o reconhecimento de que nunca deixamos de ter uma escolha significativa. Esta cultura quase sufoca as pessoas com escolhas consumistas sem sentido, e faz a maioria delas achar que é impotente em relação às coisas mais importantes da vida — mas isso não é verdade."

Eu estava sentado ao seu lado, lendo as palavras que apareciam no monitor do laptop. De vez em quando Chuck parava, às vezes apagando e corrigindo uma palavra. Estava terrivelmente fraco. E, então, repetindo o tema de nossa primeira conversa, continuou: "Nós podemos não ser capazes de escolher o momento de nossa entrada no mundo, as situações que enfrentaremos, as escolhas disponíveis ou as conseqüências de fazê-las. Mas sempre podemos decidir *como* reagiremos... manter o único 'bem' que não podem nos tirar: nossa dignidade, integridade, alma, seja qual for o nome que você dê a isso. Essa é a decisão que nos define, a primeira 'lição de vida' importante que deveríamos ensinar às nossas crianças."

Ele estava pensando em sua sobrinha e seus sobrinhos.

"Essa é a decisão que eu tenho de tomar todas as manhãs: posso me levantar e pensar no que me foi feito, no que perdi... ou me levantar e dizer para mim mesmo, 'Estou aqui. Vamos em frente!' Com gratidão pelo bom trabalho, pelos bons amigos e por uma família maravilhosa, essa não é uma escolha difícil de fazer... Não é difícil lembrar do 'dever do prazer'."

Nós conversamos até tarde, quando o sol de outono começou a se pôr. Ele continuou a manifestar a sua satisfação com a vida em geral, e a ausência de tristezas. "Dostoievski escreveu que todas as idades precisam de alguns tolos", observou.

Eu me lembrei da cena em *Confissões* em que Santo Agostinho descreveu a última conversa que teve com sua mãe sobre a felicidade dos santos. Em nosso caso, o tema não nos levou às alturas etéreas do céu, mas à esfera comum da família, dos amigos e do trabalho. Ainda assim, quando nos despedimos, eu soube que estivera na presença de uma grande alma, alguém que tinha encontrado, ao seu próprio modo, a vida — inteira e feliz — que eu me esforçara para descrever.

Dirigindo de volta para casa, não pude deixar de me lembrar de minha vida, dos sonhos sagrados e desejos de minha juventude quando, junto com Chuck, havia rejeitado a "insensibilidade" do mundo e tentado descobrir o sentido da vida. Depois de 28 anos, ainda buscava o que ele havia encontrado. E dirigindo através da noite, pensei em minha mulher e meus filhos adormecidos, no trabalho a ser feito e no dever do prazer.

✦

Dos santos discutidos neste livro, muitos se sobressaíram entre os seus contemporâneos por seu heroísmo moral, sua caridade, seu zelo por Deus ou seu dom para a vida espiritual. Quando nós nos concentramos nessas pessoas excepcionais, seu sacrifício, sua visão ou sua simples bondade pode parecer tão além de nossas capacidades que corremos o risco de considerá-las inúteis como guias. Dorothy Day era sensível a esse risco. "Quando você é chamado de santo", costumava dizer, "isso basicamente significa que não deve ser levado a sério".

Mas entre os muitos santos da história, os canonizados representam apenas uma pequena parte. A maioria dos santos permaneceu anônima, reconhecida apenas por seus vizinhos ou sua família imediata. Alguns foram brilhantes; outros, simples. Todos se esforçaram por ter "a única coisa necessária", seguir o modelo de vida do Evangelho, custasse o que custasse.

Em *Middlemarch,* George Eliot equiparou, surpreendentemente, sua história sobre a sociedade vitoriana provinciana com uma meditação de Santa Teresa d'Ávila. Para contrastar com essa santa apaixonada, "cuja natureza ideal exigia uma vida épica", Eliot fez um comentário sarcástico sobre a heroína magnânima de seu romance, Dorothea Brooke, "produto de uma certa grandeza espiritual mal combinada com a escassez de oportunidades". Aparentemente, o destino de Dorothea era viver em um tempo e lugar que não lhe proporcionavam meios ou oportunidades de expressar sua possível grandeza.

Todavia, a história de Dorothea não foi uma tragédia. Ao contrário de Santa Teresa, ela pode ser a "fundadora de nada". Ainda assim, Eliot quis retratar seus desajeitados esforços para ter uma vida boa como constituindo seu próprio tipo de heroísmo. Eliot concluiu o romance com esta avaliação: "Sua natureza inteira como aquele rio do qual Ciro quebrou a força se desperdiçava em canais pouco conhecidos na Terra. Mas o efeito de seu ser naqueles que a cercavam era incalculavelmente difusivo, porque o bem crescente do mundo depende até certo ponto de atos não-históricos, e o fato de as coisas não serem tão difíceis para você e para mim como poderiam ter sido, deve-se em parte aos muitos que viveram lealmente no anonimato e repousam em tumbas não-visitadas."

Se o santo canonizado é um prodígio de vida espiritual, nem todos são chamados a sê-lo. "Fundadores de nada", podemos expressar nossa santidade em atos não-históricos de bondade e compaixão. Mas ao trilharmos esse caminho, aberto pelos passos de tantos outros santos, vemo-nos no caminho da felicidade. Essa não é a felicidade do fim de um livro de histórias, porque em toda a nossa felicidade há a promessa de algo mais grandioso, aquele fim que só justifica a esperança de "viver feliz para sempre". Contudo, cada uma das "lições" deste livro apresenta um ponto de acesso à jornada. Alguns vão longe. Outros não. Mas, como todo grande empreendimento, essa jornada sempre começa com o primeiro passo.

NOTAS

Prefácio

Sobre os santos: a melhor referência continua a ser *Butler's Lives of the Saints*, editado por Herbert Thurston, S.J., e Donald Attwater, disponível em quatro volumes da Christian Classics, Inc. (Westminster, Md.; reeditado em 1980). Uma nova edição de doze volumes, editada por Paul Burns, foi publicada pela Liturgical Press (Collegeville, Minn.: 1995-2000). *Lives of the Saints*, de Richard Mc Brien (San Francisco: HarperCollins San Francisco, 2001), oferece uma referência de um volume confiável, inclusive ensaios úteis sobre a história e o processo de canonização. Para um exemplo clássico de hagiografia tradicional, veja Jacobus de Voragine, *The Golden Legend: Readings on the Saints*, trad. Willian Granger Ryan, 2 vols. (Princeton: Princeton University Press, 1993). *Making Saints*, de Kenneth L. Woodward (Nova York: Simon & Schuster, 1990), apresenta um estudo interessante, "How the Catholic Church Determines Who Becomes a Saint, Who Doesn't, and Why". A maioria das figuras neste livro, junto com muitas outras, é discutida em meu livro anterior, *All Saints: Daily Reflections on Saints, Prophets, and Witnesses for Our Time* (Nova York: Crossroad, 1997).

Página 11 Pascal, *Pensées*, trad. A. J. Krailsheimer (Nova York: Penguin Books, 1966), 74. Publicado no Brasil com o título *Pensamentos*. São Paulo: Martins Fontes, 2001.

Página 11 Santo Agostinho, sobre 288 escolas de pensamento: trad. Henry Bettenson, em *The City of God*, Livro 14:1 (Nova York: Penguin Books, 1972), 844. Publicado no Brasil com o título *A cidade de Deus*. Petrópolis: Vozes, 2003.

Página 13 Aristóteles, sobre a felicidade: veja Livro 1 de *Nicomachean Ethics.* Para um comentário, veja Jean Vanier, *Made for Happiness: Discovering the Meaning of Life With Aristotle* (Londres: Darton, Longman and Todd, 2001).

Página 13 Sobre a felicidade nas Beatitudes: sou grato a Jim Forest por sua discussão em *The Ladder of the Beatitudes* (Maryknoll, Nova York: Orbis Books, 1999), 17-20.

Página 16 São João da Cruz, sobre a ânsia por livros espirituais: *The Dark Night of the Soul* (Nova York: Doubleday/Image, 1959), 44.

Página 17 Palavras de Jesus para Marta de Betânia: Lc 10:41-42.

Página 17 Thomas Merton, *No Man Is an Island* (Nova York: Doubleday/Image, 1967), 106, 107.

Página 18 Dorothy Day, "On Pilgrimage", *Catholic Worker* (março-abril 1975). Veja Robert Ellsberg, ed., *Dorothy Day: Selected Writings* (Maryknoll, Nova York: Orbis Books, 1992), 354.

Página 20 Para a história de Jesus e o "jovem rico": Mc 10:17-22 e seguintes.

Capítulo 1: Aprender a estar vivo

Página 21 A epígrafe de Serapião de Thmuis é citada em *Fullness of Life: Historical Foundations for a New Asceticism*, de Margaret Miles (Philadelphia: Westminster Press, 1981), 33.

Página 22 William Blake in *The Garden of Love.*

Página 22 Jesus, sobre "vida em abundância": Jo 10:10.

Página 22 São Teófano, o Monge: *The Philokalia,* vol. 3 (Londres: Faber and Faber, 1984), 67.

Página 22 Santo Irineu, *Against Heresies.*

Página 23 George Orwell, "Reflections on Gandhi", *The Penguin Essays of George Orwell* (Nova York: Penguin Books, 1968), 465.

Página 23 Dorothy Day, sobre os hábitos alimentares dos santos: *On Pilgrimage* (Grand Rapids: William B. Eerdmans, 1999), 100.

Página 24 Pierre Teilhard de Chardin em *Pierre Teilhard de Chardin: Essential Writings*, ed. Ursula King (Maryknoll, N.Y.: Orbis Books), 128.

Página 24 Thomas Merton, sobre a santidade como uma questão de ser mais plenamente humana: *Life and Holiness* (Nova York: Doubleday/ Image, 1964), 24.

Página 25 Walker Percy, *The Moviegoer* (Nova York: Ballantine, 1988), 9.

Página 25 Thomas Merton, *Conjectures of a Guilty Bystander* (Nova York: Doubleday/Image, 1968), 46.

Página 26 Henry David Thoreau, *Walden* (Nova York: New American Library, 1960), 65.

Página 27 Sobre os pais do deserto: fora os textos citados a seguir, há numerosas fontes, inclusive Owen Chadwick, ed., *Western Asceticism* (Philadelphia: Westminster, 1958), e John Cassian, *The Conferences* (Nova York: Newman Press, 1977). Também existiram "madres do deserto", embora, infelizmente, poucos registros de seus ensinamentos tenham sido preservados. Com respeito a isso, *The Forgotten Desert Mothers*, de Laura Swann (Nova York: Paulist Press, 2001) faz uma valiosa contribuição.

Página 27 Para as histórias de São Simeão e São Macário: *Butler's Lives of the Saints.*

Página 28 Santo Antão, Helen Waddell, trad., *The Desert Fathers* (Nova York: Vintage, 1998), 133.

Página 28 Atanásio, *The Life of Antony*, trad. Robert C. Gregg (Nova York: Paulist Press, 1980).

Página 29 A reação de Santo Agostinho à vida de Santo Antão é contada no Livro 8 de *Confessions*, trad. R. S. Pine-Coffin (Nova York: Penguin, 1961), 169. Publicado no Brasil com o título *Confissões*. São Paulo: Martin Claret, 2002.

Página 30 A reação de Thomas Merton ao ascetismo: *The Seven Storey Mountain* (Nova York: Image, 1970), 227. Publicado no Brasil com o título *A montanha dos sete patamares*. Belo Horizonte: Itatiaia, 1997.

Página 31 As reflexões de Thomas Merton sobre os padres do deserto: a introdução à sua antologia *The Wisdom of the Desert* (Nova York: New Directions, 1960), 5-6.

Página 31 Merton, *The Seven Storey Mountain*, 12. Publicado no Brasil com o título *A montanha dos sete patamares*. Belo Horizonte: Itatiaia, 1997.

Página 33 Autobiografia de James Martin: *In Good Company: The Fast Track from the Corporate World to Poverty, Chastity, and Obedience* (Franklin, Wis.: Sheed & Ward, 2000), 59-68.

Página 34 Merton, *Wisdom of the Desert, 50.*

Página 35 Santo Antão, "The Fathers of old went forth": Waddell, *Desert Fathers*, 155.

Página 36 Thoreau, *Walden*, 214.

Capítulo 2: Aprender a renunciar

Página 41 Evagrius Ponticus (345-399), um antigo padre do deserto que escrevia sobre espiritualidade ascética, é autor de *The Praktikos*, do qual são tiradas suas palavras sobre um "*demônio da tristeza*". *The Praktikos & Chapters on Prayer*, trad. John Eudes Bamberger, O.C.S.O. (Kalamazoo, Mich.: Cistercian Publications, 1978), 21. Para textos escritos por padres e madres do deserto, veja as referências anteriores.

Página 41 Aba Moses, "aqueles que renunciaram a riqueza do mundo: John Cassian, *The Conferences*, Conference 3, cap. X, 129-30.

Página 42 Thomas Merton, *Wisdom of the Desert*, 37.

Página 42 Santo Antão, "Those who are not satisfied": *The Philokalia*, vol. I (Londres: Faber and Faber, 1979), 337.

Página 43 Sobre São Francisco de Assis: primeira biografia escrita por Thomas de Celano, *St. Francis of Assisi*, trad. Placid Hermann, O.F.M.: (Chicago: Franciscan Herald Press, 1963). Histórias clássicas de sua vida são encontradas em *The Little Flowers of St. Francis*, trad. Raphael Brown (Nova York: Image, 1958). Uma seleção concisa de alguns desses primeiros ditos é encontrada em *The Wisdom of St. Francis and His Companions*, de Stephen Clissold (Nova York: New Directions, 1978). Os escritos completos de São Francisco são encontrados em *Francis and Clare: The Complete Writings*, trad. Regis J. Armstrong, O.F.M. Cap., e Ignatius C. Brady, O.F.M. (Nova York: Paulist Press, 1982). Há muitas biografias recentes de São Francisco, inclusive Adrian House, *Francis of Assisi: A Revolutionary Life* (Nova York: Paulist Press, 2001).

Página 46 Irmão Masseo, *Little Flowers of St. Francis, 62.*

Página 46 Um cardeal (John de Colonna), Johannes Jörgensen, *St. Francis of Assisi* (Garden City, N.Y.: Image, 1955), 85.

Página 47 O bispo de Assis para Francisco: Clissold, *Wisdom of St. Francis*, 32.

Página 47 Francisco, Regis J. Armstrong, *St. Francis of Assisi: Writings for a Gospel Life* (Nova York: Crossroad, 1994), 202.

Página 47 Palavras de Carlo Carretto sobre São Francisco: *I, Francis* (Maryknoll, N.Y.: Orbis Books, 1982) e Robert Ellsberg, ed., *Carlo Carretto: Selected Writings* (Maryknoll, N.Y.: Orbis Books, 1994), 111.

Página 48 Dorothy Day, *Dorothy Day: Selected Writings*, 110.

Página 48 Thomas de Kempis, *The Imitation of Christ*, trad. Leo Sherley-Price (Nova York: Penguin, 1952), 72. Publicado no Brasil com o título *A imitação de Cristo.* Petrópolis: Vozes, 1996.

Página 49 Santo Agostinho: suas reflexões sobre a felicidade estão em todo *Confessions*. Publicado no Brasil com o título *Confissões*. São Paulo: Martin Claret, 2002. O tema está presente na maior parte de sua importante obra, de seu primeiro livro, *On the Happy Life*, a *City of God*, um dos últimos. Publicado no Brasil com o título *A cidade de Deus*, vol. 1. Petrópolis: Vozes, 2003. A citação "Todos os... desejam ser felizes" é do Sermão 306:3. Suas reflexões sobre amor "desordenado" aparecem em várias obras, particularmente em *On Christian Doctrine*. Para uma nova visão de sua vida, leia *Saint Agustine*, de Garry Wills (Nova York: Viking Penguin, 1999). A conversão de Agostinho é contada no Livro 8 de *Confessions*.

Página 52 Santa Catarina de Gênova (1447-1510) foi a autora de um clássico místico, *Purgation and Purgatory*, disponível na série da Paulist Press *Classics of Christian Spirituality*. Sua vida e seus escritos são o tema de uma importante obra do Barão Friedrich von Hügel, *The Mystical Element of Religion* (Nova York: Crossroad, rep., 1999). Veja também *Butler's Lives*.

Capítulo 3: Aprender a trabalhar

Página 55 A história de Aba Paul: Waddell, *Desert Fathers*, 166.

Página 57 Conto de Leon Tolstoi "A Talk Among Leisured People": *Walk in the Light and Twenty-three Tales* (Maryknoll, N.Y.: Orbis Books, 2003). Tolstoi descreveu sua própria jornada espiritual em *Confessions*, trad. David Paterson (Nova York: W. W. Norton, 1983).

Página 60 Mestre Eckhart, *Meister Eckhart: A Modern Translation*, trad. Raymond B. Blackney (Nova York: Harper & Row, 1941), 11.

Página 60 *The Rule of St. Benedict*, trad. Anthony C. Meisel e M. L. Del Mastro (Nova York: Image Books, 1975). Um bom comentário sobre essa regra pode ser encontrado em *The Rule of St. Benedict: Insights for the Ages*, de Joan Chittister (Nova York: Crossroad, 1993).

Página 61 Irmão Lawrence da Ressurreição: *The Practice of the Presence of God* (Nova York: Flemming Revell, 1958). Publicado no Brasil com o título *A prática da presença de Deus*. São Paulo: Candeia, 1996.

Página 63 O hino de louvor citado é "I Sing a Song of the Saints of Old", encontrado no hinário episcopal.

Página 63 Mestre Eckhart, *Meister Eckhart*, 6.

Página 64 Gerard Manley Hopkins, sobre trabalho e santidade: *Gerard Manley Hopkins: The Major Works*, ed. Catherine Phillips (Oxford: Oxford University Press, 1986). Para a idéia de Hopkins de *selving*: Margaret Ellsberg, *Created to Praise: The Language of Gerard Manley Hopkins* (Oxford: Oxford University Press: 1987).

Página 64 Para as reflexões de Thomas Merton sobre os shakers: Merton, *In Search of Paradise: The Spirit of the Shakers*, ed. Paul M. Pearson (Maryknoll, N.Y.: Orbis Books, 2003).

Página 64 São Cristóvão, veja *Butler's Lives.*

Página 66 Hopkins, "As kingfishers catch fire": *Gerard Manley Hopkins: The Major Works*, 129.

Página 66 Comentário de Merton, Merton, *New Seeds Contemplation* (Nova York: New Directions, 1961), 29.

Página 67 Charles de Foucauld, sobre vocação: *Charles de Foucauld: Selected Writings*, ed. Robert Ellsberg (Maryknoll, N.Y.: Orbis Books, 1999), 70.

Página 67 Merton, "If we find": *No Man Is an Island*, 107.

Página 68 Dorothy Day contou a história de sua vida pregressa e conversão em *The Long Loneliness* (Nova York: Harper & Row, 1952). "Mas havia outra questão em minha mente": Dorothy Day: *Selected Writings*, 15. A melhor biografia curta é a por Jim Forest, *Love is the Measure* (Maryknoll, N.Y.: Orbis Books, 1993), agora complementada por Rosalie Riegle, *Dorothy Day: Portraits by Those Who Knew Her* (Maryknoll, N.Y.: Orbis Books, 2003).

Página 72 Para a história de Madre Teresa: *Mother Teresa of Calcutta: Essential Writings*, ed. Jean Maalouf (Maryknoll, N.Y.: Orbis Books, 2001). Há várias biografias abrangentes. Uma das melhores é a por Kathryn Spin: *Mother Teresa: A Complete Autorized Biography* (San Francisco: HarperCollins San Francisco, 1998).

Página 73 Victor Frankl, *Man's Search for Meaning* (Nova York: Pocket Books, 1963), 122. Publicado no Brasil com o título *Em busca de sentido.* Petrópolis: Vozes, 1997.

Página 74 Sobre Ita Ford: Judith M. Noone, *The Same Fate as the Poor* (Maryknoll, N.Y.: Orbis Books, 1995). Citação de Romero: ibid., 7. "This is a terrible time": 116.

Página 75 Eckhart, citado por Donald Nicholl, *Holiness* (Londres: Darton, Longman and Todd, 1981), 106.

Página 75 Pierre Teilhard de Chardin, *The Divine Milieu* (Nova York: Harper & Row, 1965), 64.

Capítulo 4: Aprender a aquietar-se

Página 77 Sobre o reino do Butão: Orville Schell, "Gross National Happiness", *Red Herring* (15 de janeiro de 2002).

Página 84 Pascal: todas as citações de *Pensées.* Veja "Diversion", 66-72.

Página 85 Sutra budista "Conhecimento do melhor modo de viver sozinho", junto com o comentário: Thich Nhat Hanh, *Our Appointment with Life: Discourse on Living Happily in the Present Moment* (Berkeley, Calif.: Parallax Press, 1990).

Página 86 *The Philokalia* está disponível em inglês em três volumes, trad. G. E. H. Palmer, Philip Sherrard e Kallistos Ware (Londres: Faber and Faber, 1979, 1981, 1984). Nota dos editores, 13.

Página 86 *The Way of a Pilgrim and The Pilgrim Continues His Way,* trad. R. M. French (Nova York: Harper & Brothers, 1952).

Página 88 Thich Nhat Hanh sobre "o presente": *Thich Nhat Hanh: Essential Writings,* ed. Robert Ellsberg (Maryknoll, N.Y.: Orbis Books, 2001), 41.

Página 89 Jean-Pierre de Caussade, *Abandonment to Divine Providence,* trad. John Beevers (Nova York: Image, 1975). O "mustard seed": 25. Faith: 37.

Página 91 São Bento, sobre "monges giróvagos": *The Rule of St. Benedict,* 47.

Página 92 Evagrius Ponticus, sobre a acedia: *Praktikos & Chapters on Prayer,* 18-19.

Página 92 Waddell, *The Desert Fathers,* 163-64.

Página 92 A inquietude de Merton é evidente em seus diários completos, particularmente *A Search for Solitude,* vol. 3, *1952-1960,* ed. Lawrence S. Cunningham (Nova York: HarperCollins, 1996).

Página 94 Evagrius, "*Praktikos,* 23.

Página 94 Sobre a vida de Santa Catarina de Siena: Carol Lee Flinders, *Enduring Grace* (San Francisco: HarperCollins San Francisco, 1993).

Capítulo 5: Aprender a amar

Página 97 William Blake, "The Little Black Boy", *Blake: Complete Writings* (Oxford: Oxford University Press, 1966), 125.

Página 100 Santo Agostinho, *Confessions*, Livro 10:6, Publicado no Brasil com o título *Confissões*. São Paulo: Martin Claret, 2002.

Página 101 Dorothy Day descreve seu relacionamento com Forster e o nascimento da filha deles em *The Long Loneliness*, na parte intitulada "Natural Happiness".

Página 104 As reflexões de Sigmund Freud sobre o amor e a felicidade: *Civilization and Its Discontents*, trad. James Strachy (Nova York: W.W. Norton, 1962), 29. "A love that does not discriminate seems to me to forfeit a part of its own value, by doing an injustice to its object; and secondly, not all men are worthy of love", 49.

Página 105 Madre Teresa, *Mother Teresa of Calcutta: Essential Writings*, ed. Maalouf, 47.

Página 105 Freud, *Civilization*, 29.

Página 106 Thomas Merton, Merton, *No Man Is an Island* (Garden City, N.Y.: Doubleday, 1955), 17.

Página 106 Charles Dickens, *A Christmas Carol* (Nova York: Dover, 1993), 66. Publicado no Brasil com o título *Um conto de Natal*. Porto Alegre: L&PM, 2003.

Página 108 Fiodor Dostoievski, *Crime and Punishment*, trad. David Magarshack (Nova York: Penguin Books, 1966), 557. Publicado no Brasil com o título *Crime e castigo*. São Paulo: Editora 34, 2001.

Página 109 Georges Bernanos, *Diary of a Country Priest*: trad. Pamela Morris (Garden City, N.Y.: Doubleday, 1954), 127. Publicado no Brasil com o título *Diário de um pároco de aldeia*. São Paulo: Paulus, 2000.

Página 109 Santa Teresa d'Ávila: Tessa Bielecki. *Teresa of Ávila: Mystical Writings* (Nova York: Crossroad, 1994), 156-57.

Página 110 Father Zossima, de Fiodor Dostoievski: *The Brothers Karamazov*, trad. David Magarshack (Nova York: Penguin, 1958), 61-63. Publicado no Brasil com o título *Os irmãos Karamazov*. São Paulo: Abril Cultural, 1970.

Página 111 São Teófano, o Recluso: *The Art of Prayer* (Londres: Faber & Faber, reimp. 1997), 271.

Página 111 Santa Teresa de Lisieux: *The Autobiography of St. Thérèse of Lisieux: The Story of a Soul*, trad. John Beevers (Garden City, N.Y.: Doubleday, 1957). Publicado no Brasil com o título *História de uma alma*. São Paulo: Paulus, 2002. Veja também Mary Frohlich, ed., *St. Thérèse of Lisieux, Essential Writings* (Maryknoll, N.Y.: Orbis Books, 2003). Para uma biografia de Santa Teresa, veja Monica Furlong, *Thérèse of Lisieux* (Maryknoll, N.: Orbis Books, 2001).

Página 114 Para os comentários de Dorothy Day: *Therese* (Springfield, Ill.: Templegate, 1960). Excertos também aparecem em Robert Ellsberg, ed., *Dorothy Day: Selected Writings*.

Página 116 Thomas Merton, *The Seven Storey Mountain*, 451. Publicado no Brasil com o título *A montanha dos sete patamares*. Belo Horizonte: Itatiaia, 1997.

Página 116 Tolstoi, "Happy families are all alike; every unhappy family is unhappy in its own way." A primeira frase de *Anna Karenina*. Publicado no Brasil com o título *Ana Karenina*. Rio de Janeiro: Ediouro, 1996.

Página 117 Dorothy Day, *The Long Loneliness*, 285.

Página 118 A história de Engelmar Unzeitig: Adalbert Ludwig Balling e Reinhard Ablen, *Martyr of Brotherly Love: Father Engelmar Unzeitig and the Priest's Barracks at Dachau* (Nova York: Crossroad, 1992).

Capítulo 6: Aprender a sofrer

Página 122 Citações de Boécio: Boécio, *The Consolation of Philosophy*, trad. Richard Green (Indianápolis: Bobbs-Merrill, 1962). Publicado no Brasil com o título *A consolação da filosofia*. São Paulo: Martins Fontes, 1998.

Página 124 Mestre Eckhart, *The Book of Divine Comfort: Meister Eckhart: A Modern Translation*, trad. Raymond B. Blackney (Nova York: Harper & Row, 1941), 43-73.

Página 127 Thomas de Celano, *St. Francis of Assisi.* Franciscan Herald Press, 1963.

Página 127 Santo Inácio de Loyola: *The Autobiography of St. Ignatius Loyola with Related Documents,* ed. John Olin (Nova York: Harper & Row, 1974), 21-26.

Página 129 Juliana de Norwich, *Showings*, trad. James Walsh, S.J. (Nova York: Paulist Press, 1978).

Página 132 Leon Bloy, *Pilgrim of the Absolute,* ed. Raissa Maritain (Nova York: Pantheon, 1947), 349.

Página 132 Inácio, *The Spiritual Exercices*, trad. Anthony Mottola (Garden City, N.Y.: Image/Doubleday, 1964), 47. Publicado no Brasil com o título *Exercícios espirituais.* São Paulo: Madras, 2004.

Página 133 Diadochos de Photiki, *The Philokalia*, vol. 1, 291.

Página 133 Pierre Teilhard de Chardin, em *Pierre Teilhard de Chardin: Essential Writings,* ed. King, 87. O que ele escreveu sobre diminuição passiva aparece em *The Divine Milieu* (Nova York: Harper & Row, 1965), 74-93. Para uma descrição de sua vida: Ursula King, *Spirit of Fire: The Life and Vision of Teilhard de Chardin* (Maryknoll, N.Y.: Orbis Books, 1996).

Página 135 As citações de Flannery O'Connor são tiradas de suas cartas publicadas, *The Habit of Being,* ed. Sally Fitzgerald (Nova York: Farrar, Straus & Giroux, 1979). Esses textos também aparecem em *Flannery O'Connor: Spiritual Writings,* ed. Robert Ellsberg (Maryknoll, N.Y.: Orbis, 2003). Para insights da vida e obra de O'Connor (bem como de Thomas Merton, Dorothy Day e Walker Percy): Paul Elie, *The Life You Save May Be Your Own: An American Pilgrimage* (Nova York: Farrar, Straus & Girroux, 2003).

Página 139 Caussade, *Abandonment to Divine Providence*, 35.

Página 139 Autobiografia de Sheila Cassidy: *Audacity to Believe* (Londres: Collins, 1977). "Do with me what you will" é de seu livro posterior *Sharing the Darkness: The Spirituality of Caring* (Maryknoll, N.Y.: Orbis Books, 1991).

Página 141 Walter Ciszek escreveu dois relatos de sua experiência. *With God in Russia* (Garden City, N.Y.: Doubleday, 1964) é uma franca autobiografia; *He Leadeth Me* (Garden City, N.Y.: Doubleday, 1973) trabalha mais com as lições espirituais de sua experiência. As citações aqui são de seu livro posterior.

Página 145 Santo Agostinho, *Confessions*, Livro 3:14. Publicado no Brasil com o título *Confissões*. São Paulo: Martin Claret, 2002.

Página 145 Carlo Carretto descreveu sua experiência em *Why O Lord* (Maryknoll, ed. Robert Ellsberg (Maryknoll, N.Y.: Orbis Books, 1994).

Página 148 A história de Henri Nouwen é encontrada em alguns de seus diários publicados, inclusive *Genesee Diary, ¡Gracias!, The Road to Daybreak* e *Sabbatical Journey*. Relatos biográficos estão disponíveis na introdução de Robert Jonas a *Henri Nouwen: Selected Writings* (Maryknoll, N.Y.: Orbis Books, 1998) e em *Wounded Prophet*, de Michael Ford (Nova York: Doubleday, 1999). Nouwen descreveu algumas de suas experiências na L'Arche, inclusive sua experiência de colapso nervoso, em *Adam: God's Beloved* (Maryknoll: Orbis Books, 1997) e em *The Inner Voice of Love* (Nova York: Doubleday, 1996). Sobre a mescla de tristeza e alegria: *Can You Drink the Cup?* (Notre Dame, Ind.: Ave Maria Press, 1996), publicado no Brasil com o título *Podeis beber o cálice?*. São Paulo: Loyola, 2002.

Página 151 *City of God*, de Santo Agostinho, contém uma longa lista das formas de sofrimento humano no Livro 22:22. Publicado no Brasil com o título *A cidade de Deus*. Petrópolis: Vozes, 2003.

Página 152 Thomas de Kempis, *The Imitation of Christ*, Livro 2, cap 12: "On the Royal Road of the Holy Cross". Publicado no Brasil com o título *A imitação de Cristo*. Petrópolis: Vozes, 1996.

Capítulo 7: Aprender a morrer

Página 156 Santo Agostinho, *Confessions,* Livro 13:10. Publicado no Brasil com o título *Confissões.* São Paulo: Martin Claret, 2002.

Página 156 Pascal, *Pensées,* nº 133. Publicado no Brasil com o título *Pensamentos.* São Paulo: Martins Fontes, 2001.

Página 157 Leon Tolstoi, "The Death of Ivan Ilyich", *The Great Short Works of Leo Tolstoy,* trad. Louise e Aylmer Maude (Nova York: Harper & Row, 1967), 280. Publicado no Brasil com o título *A morte de Ivan Ilitch.* Rio de Janeiro: Nova Aguilar, 1997.

Página 158 Dietrich Bonhoeffer, J. Martin Bailey e Douglass Gilbert, *The Steps of Bonhoeffer* (Nova York: Macmillan, 1969), 73.

Página 159 *Markings, trad.* Leif Sjobörg e W. H. Auden (Nova York: Alred A. Knopf, 1964), 180.

Página 160 Dietrich Bonhoeffer, "As we embark upon discipleship", aparece em *The Cost of Discipleship.* Veja também *Dietrich Bonhoeffer: Essential Writings,* ed. Robert Coles (Maryknoll, N.Y.: Orbis Books, 1998), 61.

Página 162 A descrição de Thomas Merton de um postulante em Gethsemani aparece em *The Seven Storey Mountain,* 394. Publicado no Brasil com o título *A montanha dos sete patamares.* Belo Horizonte: Itatiaia, 1997.

Página 163 Santo Agostinho, *Confessions,* 175-176. Publicado no Brasil com o título *Confissões.* São Paulo: Martin Claret, 2002.

Página 163 O último ano de Henri Nouwen é narrado em *Sabbatical Journey* (Nova York: Crossroad, 1998). A história de seu acidente e de sua experiência de quase morte é descrito em *Beyond the Mirror* (Nova York: Crossroad, 1992). Suas reflexões sobre a morte e o ato de morrer, inclusive sua referência aos Flying Rodleighs, aparecem em *Our Greatest Gift* (San Francisco: HarperCollins San Francisco, 1994). Publicado no Brasil com o título *Nossa maior dádiva.* São Paulo: Loyola, 1997. Nouwen descreveu seu relacionamento com Adam em *Adam: God's Beloved* (Maryknoll: Orbis Books, 1997). Suas palavras "Many friends and family members have died..."

aparecem no final de *The Inner Voice of Love* (Nova York: Doubleday, 1996), 118.

Página 170 Reflexões de Donald Nicholl: em *The Testing of Hearts: A Pilgrim's Journey*, rev. ed. (Londres: Darton, Longman and Todds, 1998).

Página 171 Reflexões do Padre Alfred Delp: *The Prison Meditations of Father Alfred Delp* (Nova York: Herder and Herder, 1963). Há uma nova edição: *Alfred Delp: Prison Writings* (Maryknoll, N.Y.: Orbis Books, 2004).

Página 171 O conto de Flannery *A Good Man Is Hard to Find: Flannery O'Connor: The Complete Stories* (Nova York: Farrar, Straus & Giroux, 1971). Esse conto foi publicado no Brasil com o título *É difícil encontrar um homem bom.* São Paulo: Arx, 2003. As citações são de *Flannery O'Connor: Spiritual Writings* (Maryknoll, N.Y.: Orbis Books, 2003).

Página 172 Thomas de Kempis, "A Meditation on Death": *The Imitation of Christ,* Livro 1, cap. 23. Publicado no Brasil com o título *A imitação de Cristo.* Petrópolis: Vozes, 1996.

Página 173 Citação do autor de *The Cloud of Unknowing:* "The Epistle of Prayer", publicado como um apêndice de sua obra mais famosa. Veja *The Cloud of Unknowing and Other Works* (Nova York: Penguin, 1961).

Página 176 Relato de Martin Luther King de sua "visão na cozinha", junto com seu discurso em Memphis: James Cone, Martin & Malcom & América: *A Dream or a Nightmare* (Maryknoll, N.Y.: Orbis Books, 1991), 124-125. Veja também Martin Luther King, *Strenght to Love* (Philadelphia: Fortress Press, 1981), 113.

Página 182 *The Gift of Peace* (Chicago: Loyola Press, 1977), do Cardeal Joseph Bernardin, foi publicado após a sua morte.

Página 184 A conversão do Rei Edwin: Bede, *A History of the English Church and People,* trad. Leo Sherley-Price (Nova York: Penguin, 1955), Livro 2, cap. 13, 125.

Página 185 A história da palestra de Henri Nouwen em Yale é recontada por Fred Bratman em Beth Porter, ed., *Befriending Life: Encounters with Henri Nouwen* (Nova York: Doubleday, 2001), 247.

Capítulo 8: Aprender a ver

Página 188 Descrição de Dante da Visão Beatífica: *The Divine Comedy*, vol. 3, *Paradiso*, Canto 33; essa tradução é de Mark Musa (Bloomington: Indiana University Press, 1984), 394. Para outros tratamentos literários do céu, veja *The Book of Heaven*, eds. Carol Zaleski e Philip Zaleski (Nova York: Oxford University Press, 2000). Publicado no Brasil com o título *A divina comédia*. Porto Alegre: L&PM, 2004.

Página 189 Hopkins, "God's Grandeur."

Página 189 As palavras de Santo Agostinho sobre os "olhos do coração": "Commentary" on the Sermon on the Mount, Livro 1:8.

Página 190 O tratado de Santo Thomás de Aquino sobre a felicidade: *Summa Theologica* Ia IIae Q 1-5 (Westminster, M.d.: Christian Classics, 1981), vol. 2, 583-615. Publicado no Brasil com o título *Suma teológica*. São Paulo: Loyola, 2001.

Página 191 Santo Agostinho, *Christian Doctrine* (Indianápolis: Bobbs-Merrill, 1958), 9-10.

Página 192 Dietrich Bonhoeffer, *Letters and Papers from Prison* (Nova York: Macmillan, 1972), 267.

Página 192 Aquino, ibid., 611.

Página 193 Santa Catarina de Siena, freqüentemente citada por Dorothy Day.

Página 193 O comentário de Thomas Merton sobre *The Seven Storey Mountain: The Sign of Jonas* (Garden City, N.Y.: Doubleday, 1956), 318. O relato de sua visão em Louisville: *Conjectures of a Guilty Bystander* (Garden City, N.Y.: Doubleday/Image, 1968), 156-58.

Página 195 A história da Transfiguração de Cristo: Marcos 9:28 e paralelos.

Página 196 Georges Bernanos, de *Diary of a Country Priest*, 129. Publicado no Brasil com o título *Diário de um pároco de aldeia*. São Paulo: Paulus, 2000.

Página 196 Visão do Irmão Lawrence: *The Practice of the Presence of God*, 11. Publicado no Brasil com o título *A prática da presença de Deus*. São Paulo: Candeia, 1996.

Página 197 Conversa de Agostinho com sua mãe: *Confessions,* Livro 9. Publicado no Brasil com o título *Confissões.* São Paulo: Martin Claret, 2002.

Página 199 Lembrança de Dorothy Day da Sra. Barrett: *Dorothy Day: Selected Writings,* 11.

Página 200 Reflexões de Agostinho sobre a Visão Beatífica: Livro 22 de *City of God.* Publicado no Brasil com o título *A cidade de Deus,* vol. 1. Petrópolis, Vozes, 2003.

Página 202 Caussade, *Abandonment to Divine Providence,* 37.

Página 203 O sermão de John Henry Newman sobre a felicidade e o céu: "Holiness Necessary for Future Blessedness", em John Henry Newman, *Selected Sermons, Prayers and Devotions,* ed. John F. Thornton e Susan B. Varenne (Nova York: Vintage Books, 1999), 3-11.

Página 203 As palavras do Padre Zóssima: *The Brothers Karamazov,* vol. 1, 352. Publicado no Brasil com o título *Os irmãos Karamazov.* São Paulo: Abril Cultural, 1970.

Página 204 A história de Tito Brandsma: Woodward, *Making Saints.*

Conclusão:

Página 205 Merton, *The Seven Storey Mountain,* 12. Publicado no Brasil com o título *A montanha dos sete patamares.* Belo Horizonte: Itatiaia, 1997.

Página 206 "Encantamento do espírito": definição de Eric Gill da felicidade.

Página 206 "There is no way *to* happiness": agradeço a David Anderson, autor de *Breakfast Epiphanies* (Boston: Beacon Press, 2002), por sugerir esta distinção.

Página 207 A imagem do "telescópio mental": Leon Tolstoi, *War and Peace,* trad. Ann Dunnigan (Nova York: Penguin, 1968), 1320. Depois da experiência penosa de Pierre na prisão, ele pôs de lado o seu "telescópio mental".

Página 207 Sobre Chuck Matthei: eu escrevi relatos maiores de nosso último encontro para a revista *Sojourners* ("The Duty of Delight... and other lessons from a life well-lived" [janeiro-fevereiro de 2003]), e *The Catholic Worker* ("Chuck Matthei, 1948-2002" [janeiro-fevereiro de 2003]).

Página 210 Dorothy Day sobre "o dever do prazer": "I found myself, a barren woman, the joyful mother of children. It is not easy always to be joyful, to keep in mind the duty of delight." Pós-escrito de *The Long Loneliness*, 285.

Página 212 George Elliot, *Middlemarch* (Boston: Houghton Mifflin, 1956), 4, 613. Publicado no Brasil com o título *Middlemarch*. Rio de Janeiro: Record, 2001.

ÍNDICE REMISSIVO

Este livro foi composto na tipologia AGaramond, em
corpo 11,5/15, e impresso em papel off-white 80g/m²,
no Sistema Cameron da Divisão Gráfica
da Distribuidora Record.